파크골프
지침서

한국골프학회 파크골프위원회

박영사

프롤로그

　파크골프는 남녀노소 누구나 쉽게 즐길 수 있는 스포츠로, 최근 몇 년 간 전 세계적으로 인기를 끌고 있습니다. 그 독특한 매력은 간단한 규칙과 접근성, 그리고 자연 속에서 여유롭고 즐겁게 플레이할 수 있는 환경에 있습니다. 최근 파크골프는 단순히 즐기는 스포츠를 넘어, 기술과 전략을 바탕으로 한 진지한 스포츠로 자리 잡고 있습니다.

　이 지침서는 파크골프의 기본부터 심화 기술까지 체계적으로 설명하여 지도자들이 효과적으로 훈련을 진행할 수 있도록 돕기 위해 작성되었습니다. 파크골프는 기술적인 면과 심리적인 준비가 모두 중요한 스포츠입니다. 기본적인 스윙과 퍼팅 기술을 배우는 것뿐만 아니라, 전략적 사고와 코스 공략법을 익히는 것도 중요합니다. 이 지침서는 이를 체계적으로 다루어, 지도자가 파크골프를 가르칠 때 필요한 다양한 기술과 전략을 쉽게 전달할 수 있도록 설계되었습니다.

　지도자로서 여러분은 단순히 기술을 가르치는 역할을 넘어, 참가자들이 즐기고 성취감을 느낄 수 있도록 격려하고, 적절한 피드백을 제공하는 중요한 역할을 맡고 있습니다. 이 지침서는 초보자부터 고급 플레이어까지 다양한 수준의 참가자들이 효과적으로 훈련을 받을 수 있도록 단계별로 구성되어 있으며, 실제 현장에서 바로 적용할 수 있는 다양한 교육 방법을 포함하고 있습니다.

파크골프는 단지 기술적인 스포츠에 그치지 않습니다. 스포츠를 통해 신체적인 건강을 증진시키는 동시에, 사회적 상호작용과 자연 속에서의 힐링을 경험할 수 있는 기회를 제공합니다. 이 지침서가 여러분의 파크골프 지도에 도움이 되어, 더 많은 사람들이 이 멋진 스포츠를 즐기고, 발전할 수 있도록 기여하길 바랍니다.

지도자로서 여러분의 성공적인 지도와 훈련을 응원하며, 이 지침서가 여러분의 파크골프 교육에 실질적인 도움이 되기를 바랍니다.

차례

프롤로그   3

I 도입

1. 파크골프란 무엇인가?   10
2. 지침서의 목적   11
   - 요약   14
3. 파크골프의 역사와 배경   15
4. 기본 규칙 및 에티켓   16

II 파크골프 기본 장비와 코스

1. 기본 장비   22
2. 코스 설계 및 환경 관리   26
   - 요약   30

III 파크골프 기본 기술

1. 그립 방법 — 32
2. 스윙의 기초 — 35
3. 퍼팅 기술 — 38
4. 파크골프 심화 기술과 전략 — 39
5. 파크골프에서의 다양한 상황과 대처법 — 39
   요약 — 49

IV 파크골프 코스 공략법

1. 코스 분석의 중요성 — 52
2. 티샷 공략 — 54
3. 페어웨이 샷 공략 — 55
4. 그린 공략 — 56
   요약 — 58

V 파크골프 기술 훈련 및 교육 방법

1. 초보자를 위한 단계별 훈련 — 60
2. 숙련자를 위한 심화 훈련 — 62
3. 그룹 교육 진행 방법 — 63

4. 시뮬레이션 훈련 활용 63
5. 개별 맞춤형 훈련 계획 64
6. 심리 훈련 기법 65
7. 훈련 평가와 성과 관리 66
  요약 67

VI 파크골프 컨디셔닝 (파크골프 피트니스)

1. 파크골프를 위한 신체적 준비 70
2. 파크골프를 위한 준비운동 & 정리운동 71
3. 파크골프를 위한 균형 향상 운동 74
4. 파크골프를 위한 근 파워 향상 운동 76

VII 파크골프 대회 운영과 심판 가이드

1. 대회 준비 과정 80
2. 대회 운영 방식 81
3. 대회 규정 82
4. 심판의 역할과 규칙 해석 83
5. 대회 운영 팁 83
  요약 84

VIII 파크골프 안전 관리와 사고 예방

1. 파크골프 안전 관리와 사고 예방   86
2. 파크골프 안전 수칙   86
3. 사고 예방 안내   88
4. 경기 중 발생할 수 있는 주요 사고와 대처법   89
5. 안전 관리 책임   90
6. 사고 발생 후 대응 절차   90
    요약   92

 부록

1. 기본 용어   94
2. 점수 관련 용어   96
3. 경기 및 규칙 관련 용어   97
4. 기술 관련 용어   98
5. 코스 관련 용어   99
기타 용어   100

에필로그   101

I

도입

I 도입

> **학습 목표**
> - 파크골프의 역사와 발전에 대해 이해한다.
> - 파크골프의 특징과 매력을 안다.

1. 파크골프란 무엇인가?

　파크골프(Park Golf)는 골프와 비슷한 룰(Rule)을 갖춘 스포츠이지만, 골프보다 간단하고 접근성이 뛰어난 활동입니다. 1980년대 초 일본에서 처음 시작된 이 스포츠는 그 이후 세계 여러 나라로 퍼져나가며, 특히 연령대가 다양한 사람들이 쉽게 즐길 수 있는 스포츠로 자리 잡았습니다.

2. 지침서의 목적

파크골프 지도 지침서의 목적은 다음과 같습니다.

1) 파크골프 교육의 체계적 제공

파크골프는 골프와 유사한 규칙을 따르면서도 누구나 쉽게 접근할 수 있는 스포츠로, 이 스포츠를 처음 접하는 사람들부터 전문가까지 다양한 수준의 사람들이 즐길 수 있습니다. 지도 지침서는 파크골프를 처음 시작하는 이들에게는 기본적인 기술을, 숙련된 이들에게는 심화 기술을 제공하며, 다양한 수준에 맞춘 체계적인 교육 과정을 제시하는 것을 목표로 합니다. 이를 통해 지도자들이 효과적으로 훈련을 진행하고, 참가자들이 빠르게 실력을 향상시킬 수 있도록 돕습니다.

2) 지도자의 역량 강화를 위한 자료 제공

파크골프 지도자는 단순히 기술을 가르치는 역할을 넘어서, 참가자들의 동기 부여와 경기 전략을 지도하는 중요한 역할을 합니다. 이 지침서는 지도자가 교육의 과정에서 필요한 기법과 이론을 이해하고, 효과적인 훈련 방법을 사용할 수 있도록 돕습니다. 또한, 다양한 교육 방법을 소개하여 지도자가 보다 다양한  상황에서 유연하게 대응할 수 있도록 지원합니다. 지도자에게는 실전에서 바로 적용할 수 있는 구체적인 훈련법과 피드백 기법을 제공하여, 그들의 교육 능력을 더욱 향상시키는 것이 목적입니다.

3) 파크골프의 대중화와 활성화

파크골프는 그 자체로 접근성과 즐거움이 큰 스포츠입니다. 이 지침서는 파크골프가 더욱 널리 퍼지고, 다양한 연령대와 능력의 사람들이 참여할 수 있도록 돕기 위해 작성되었습니다. 각종 대회 운영 방법과 심판 규정, 안전 관리 등도 함께 다루어져, 파크골프의 대중화와 활성화를 위해 필요한 전 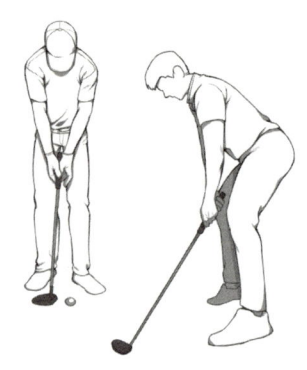 반적인 내용을 제공합니다. 이를 통해, 스포츠의 참여자들이 더 많아지고, 파크골프가 전 세계적으로 지속 가능한 스포츠로 자리 잡을 수 있도록 기여하는 것이 목적입니다.

4) 참가자의 실력 향상과 목표 달성 지원

이 지침서는 파크골프 참가자들이 기술적인 실력을 향상시키고, 개별적인 목표를 설정하여 달성할 수 있도록 돕는 데 중점을 둡니다. 초보자가 기초적인 기술을 익히고, 중급자와 고급자가 보다 정교한 전략과 고난이도 기술을 습득할 수 있도록 안내합니다. 또한, 대회나 실전에서의 성과를 높이기 위한 심리적 준비와 경기 전략을 다루며, 참가자들이 자기 주도적인 훈련과 목표 설정을 할 수 있는 능력을 배양하는 데 기여합니다.

5) 안전한 플레이 환경 조성

파크골프는 야외에서 진행되는 스포츠로 안전이 중요한 요소입니다. 지침서에서는 안전 관리의 중요성을 강조하고, 사고 예방을 위한 다양한 방법을 제시합니다. 또한, 응급상황에서의 대처법과 안전 수칙을 구체적으로 다루어 지도자와 참가자 모두가 안전하게 파크골프를 즐길 수 있도록 지원합니다.

6) 파크골프의 전략적 접근법 제시

파크골프는 단순히 공을 치는 스포츠가 아니라, 전략적 사고가 중요한 스포츠입니다. 이 지침서는 참가자들이 경기 중 최적의 전략을 구사할 수 있도록 도와주는 다양한 코스 공략법, 장애물 극복 방법, 그리고 고급 기술을 제시합니다. 이를 통해 참가자들은 각 상황에 맞는 다양한 샷을 선택하고, 경기에서의 성과를 극대화할 수 있습니다.

요약

1. 지침서의 목적
- ▶ 체계적인 교육 제공: 초보자부터 전문가까지 맞춤형 교육 제공
- ▶ 지도자 역량 강화: 지도자의 효과적인 교육 및 훈련 방법 소개
- ▶ 파크골프의 대중화: 다양한 연령대가 참여 가능한 활성화 지원
- ▶ 참가자의 실력 향상: 기술 습득 및 목표 달성 지원
- ▶ 안전한 플레이 환경 조성: 사고 예방 및 응급 대처법 제공
- ▶ 전략적 접근법 제시: 다양한 경기 전략 및 코스 공략법 안내

2. 파크골프의 역사
1983년 일본 홋카이도에서 카네다 다카시에 의해 창안되었으며, 기존 골프보다 간단한 규칙과 작은 코스를 도입해 가족 단위의 스포츠로 발전했습니다. 이후 세계 여러 나라로 확산되며 인기 있는 스포츠로 자리 잡았습니다.

3. 기본 규칙 및 에티켓
- ▶ 기본 규칙
  - 경기 준비: 티잉 그라운드에서 시작, 특정 클럽 사용
  - 플레이 진행: 타격 순서 준수, 공의 위치 정확히 확인
  - 공의 이동: 티샷 필수, 장애물과 구역 주의
  - 타수 기록: 홀마다 타수 기록, 페널티 타수 적용
  - 경기 종료: 최소 타수를 기록한 플레이어가 승리
- ▶ 에티켓
  - 배려와 존중: 순서 지키기, 소음 최소화, 상대방 공 존중
  - 안전한 경기 진행: 타격 시 안전 거리 유지, 공의 방향 확인
  - 빠른 플레이: 신속한 경기 진행, 뒤따르는 플레이어 배려
  - 코스와 환경 관리: 그린 및 벙커 정리, 쓰레기 처리
  - 친절한 태도: 상대방 격려, 예의 바른 대화
  - 골프장 규칙 준수: 각 골프장 규정 숙지 및 준수

이 지침서는 파크골프를 체계적으로 배우고 즐길 수 있도록 돕는 중요한 가이드입니다.

3. 파크골프의 역사와 배경

파크골프는 일본에서 처음 개발되었습니다. 1983년, 일본 홋카이도에서 카네다 다카시라는 인물이 골프의 복잡한 규칙을 단순화하고, 더 많은 사람들이 참여할 수 있도록 다양한 변형을 적용한 새로운 형태의 골프를 창안했습니다. 그는 기존 골프의 규칙과 방식이 너무 복잡하다고 느꼈고, 누구나 쉽게 접근할 수 있는 스포츠를 만들고자 했습니다.

파크골프는 그 당시 골프와는 다른 간단한 규칙과 작은 코스를 채택하여 점차 인기를 끌었습니다. 골프와 비슷한 요소를 유지하면서도 자연환경과 어울려 가족 단위의 활동으로 발전할 수 있었습니다. 일본 내에서 시작된 파크골프는 그 후 다른 국가로 확산되었으며, 현재는 전 세계적으로 인기 있는 레크리에이션 스포츠로 자리 잡고 있습니다.

4. 기본 규칙 및 에티켓

1) 파크골프 기본 규칙

① 경기 준비

- **경기 시작:** 각 홀의 플레이는 티잉 그라운드에서 시작됩니다. 티는 공을 놓을 수 있는 작은 지지대 역할을 하며, 플레이어는 티에서 공을 칩니다.
- **클럽 사용:** 파크골프에서는 일반적으로 세 가지 종류의 클럽만 사용합니다.

② 타격 순서와 플레이 진행

- **타격 순서:** 첫 번째 홀에서는 각 플레이어가 차례대로 공을 칩니다. 그 후 각 홀마다 공이 홀에 들어간 순서대로 타격 순서가 결정됩니다.
- **공의 위치:** 공이 놓인 위치를 정확하게 기억하고, 공이 이동한 경로를 추적합니다. 다른 플레이어의 공과 혼동되지 않도록 주의해야 합니다.

- **플레이어의 위치:** 공을 친 후, 플레이어는 공의 위치를 확인하고 가능한 빨리 진행해야 합니다. 다른 플레이어가 플레이 중일 때 방해하지 않도록 주의합니다.

③ **공의 이동과 위치**
- **티샷:** 티잉 그라운드에서 공을 놓고 첫 타를 칩니다. 공은 티에서 정확히 쳐야 하며, 티를 사용한 후에는 그라운드에 놓인 공을 칩니다.
- **장애물과 구역:** 파크골프 코스는 자연적인 장애물(나무, 연못, 풀밭 등)로 구분되어 있으며, 이 장애물을 넘거나 피하면서 플레이해야 합니다.
- **아웃 오브 바운드(Out of Bounds):** 공이 코스 외부로 벗어나거나 아웃 오브 바운드 지역에 빠졌을 경우, 원래 위치에서 1타의 페널티를 부여받고 공을 다시 플레이해야 합니다.
- **해저드(Hazzards):** 물이 있는 장애물, 혹은 벙커를 지칭하며, 공이 물에 빠지면 1타의 페널티를 부여받고 공이 빠진 지점에서 1클럽 이내, 홀에 가깝지 않은 지점에 공을 놓고 다시 플레이 합니다.
- **벙커(Bunker):** 파크골프장 내에 모래가 모여있는 구역을 지칭합니다. 벙커에 공이 빠지게 되면, 모래의 종류, 깊이 그리고 공이 박힌 정도에 따라 스트로크의 난이도가 달라집니다.

④ **타수와 기록**
- **타수 기록:** 각 홀에서 공을 홀컵에 넣은 타수는 플레이어마다 기록됩니다. 이 타수는 경기가 끝날 때까지 계속해서 기록되어 최종적으로 성적을 결정합니다.
- **페널티 타수:** 공이 장애물에 빠지거나 아웃 오브 바운드로 나갔을 경우, 한 타의 페널티가 부여됩니다. 이러한 페널티는 공을 원위치에 놓고 플레이를 계속하게 합니다.

⑤ 경기가 종료되는 시점
▸ **경기 종료:** 모든 플레이어가 마지막 홀을 마친 후, 가장 적은 타수로 공을 홀컵에 넣은 플레이어가 승리합니다. 경기 중간에 타수를 기록하고, 각 홀의 결과를 점검합니다.

2) 파크골프 에티켓

① 경기 중 배려와 존중

▸ **순서 지키기:** 타격 순서를 지키는 것이 중요합니다. 다른 플레이어가 플레이하는 동안 방해가 되지 않도록 조용히 기다리고, 자신의 차례가 되면 신속히 플레이합니다.

▸ **소음 최소화:** 다른 플레이어가 샷을 할 때는 소음을 줄이고, 공을 칠 때 집중할 수 있도록 합니다. 공을 치기 전에는 조용히 기다리고, 다른 사람의 집중을 방해하지 않도록 해야 합니다.

▸ **상대방의 공에 주의:** 다른 플레이어의 공과 혼동하지 않도록 자신의 공 위치를 명확히 확인하고, 신중하게 진행합니다.

② 안전한 경기 진행

▸ **안전 거리 유지:** 타격을 할 때, 공이 날아갈 수 있으므로 충분히 안전한 거리를 유지해야 합니다. 앞에 있는 사람이 샷을 할 때는 그가 친 공이 떨어질 때까지 기다려야 합니다.

▸ **공 날아가는 방향 확인:** 공이 날아가는 방향을 항상 확인하여 위험을 피할 수 있도록 합니다. 다른 플레이어가 공을 칠 때 그 방향에 있지 않도록 주의합니다.

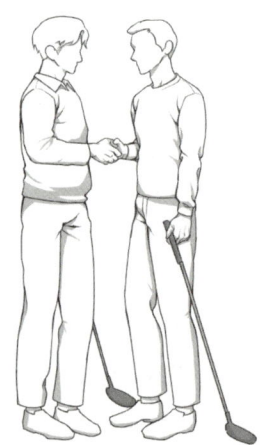

③ 빠른 플레이
- **적극적이고 빠른 플레이:** 플레이 중 너무 오랜 시간을 소모하지 않도록 주의해야 합니다. 공을 친 후에는 빠르게 다음 샷을 준비하고, 불필요한 시간 낭비를 피합니다.
- **뒤에 오는 사람 배려:** 뒤에 오는 사람이 기다리지 않도록 가능한 빠르게 진행합니다. 자신의 플레이 속도를 조절하여 경기를 원활하게 합니다.

④ 코스와 환경 관리
- **그린 관리:** 퍼팅 후에는 그린을 손상시키지 않도록 주의하고, 공을 치고 난 후에는 그린 위의 자국을 정리해야 합니다.
- **벙커 정리:** 벙커에서 샷을 친 후에는 퍼티 작업을 진행하여 모래를 평평하게 만듭니다.
- **티 위치 정리:** 티에서 공을 친 후에는 티를 잘 정리하여, 후속 플레이어가 불편하지 않도록 합니다.
- **쓰레기 처리:** 경기 중에 발생한 쓰레기는 반드시 지정된 장소에 버리고, 코스를 청결하게 유지합니다.

⑤ 경기 중 친절한 태도
- **상대방을 격려하기:** 다른 플레이어가 좋은 샷을 했을 때 칭찬하고, 실수를 했을 때는 격려하는 태도를 보입니다. 파크골프는 협력적인 분위기 속에서 즐겁게 플레이하는 것이 중요합니다.
- **예의 바른 대화:** 경기를 진행하면서 상대방에게 불쾌감을 주지 않도록 예의 바르게 대화하고, 경기 외적인 이야기로 분위기를 좋게 만듭니다.

⑥ 골프장의 규칙 준수

▸ **골프장 규정 준수:** 각 골프장은 고유의 규정을 설정할 수 있으므로, 그 규정에 맞춰 행동해야 합니다. 골프장의 관리 규칙을 미리 숙지하고 이를 준수하여 원활한 경기를 진행합니다.

▸ **코스 사용 후 정리:** 경기 종료 후 코스를 깨끗이 정리하고, 후속 플레이어가 불편하지 않도록 합니다.

II

파크골프 기본 장비와 코스

II 파크골프 기본 장비와 코스

> **학습 목표**
> - 파크골프를 즐기기 위한 기본 장비와 활용법을 익힌다.
> - 파크골프 코스를 파악하고 관리하기 위한 방법을 이해한다.

1. 기본장비

1) 클럽

파크골프는 전용 클럽 1개만을 사용하여 경기하는 스포츠로, 클럽의 무게는 600g 미만으로 제작되어 개인의 체격과 선호에 따라 클럽을 선택할 수 있습니다. 파크골프 전용 클럽은 일반 골프 클럽보다는 짧고, 클럽 헤드가 나무로 된 재질로 제작되어 공을 쉽고 정확하게 조준할 수 있도록 설계되어 있습니다.

바닥면(금속보강)

2) 파크골프 공

파크골프 공은 골프공과 비슷하지만 재질, 크기 그리고 무게에서 약간 차이가 있습니다. 파크골프 공은 플라스틱 재질로 만들어졌으며, 일반적으로 골프공보다 더 크고 무겁습니다.

- **크기:** 파크골프 공은 일반적인 골프공보다 약간 더 크며, 일반적으로 지름이 60mm 입니다.
- **무게:** 무게는 보통 80g에서 95g 사이로, 골프공보다 더 무겁습니다.
- **특징:** 공은 주로 빨간색, 파란색, 노란색 등과 같이 눈에 잘 보이는 밝은 색상으로 제작되고, 공 표면은 매끄럽게 제작되거나, 일부 공은 미세한 결이 있어 비거리와 스핀을 최소화하도록 설계됩니다.

3) 파크골프 장갑

파크골프 장갑은 클럽을 잡을 때의 그립감을 높여주고, 손에 생길 수 있는 마찰을 줄여주는 중요한 장비입니다. 골프 장갑과 비슷하지만 파크골프에서는 강한 그립력을 제공하는 장갑을 사용하는 것이 좋습니다.

- **소재:** 파크골프 장갑은 일반적으로 합성가죽이나 메쉬 소재로 제작됩니다. 이 소재는 내구성이 좋고, 장시간 착용해도 땀을 잘 흡수해 손이 미끄러지지 않도록 도와줍니다.

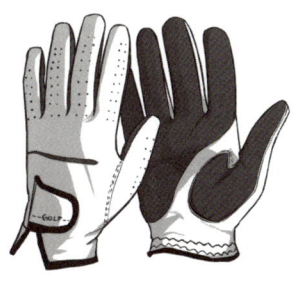

▶ **기능:** 장갑은 손의 땀을 흡수하여 그립이 미끄러지지 않도록 하며, 손목을 보호하는 역할도 합니다.

4) 파크골프 신발

파크골프는 코스의 상태에 따라 다양한 환경에서 경기하게 되므로 적합한 신발이 필요합니다. 파크골프 신발은 골프화와 비슷하지만, 더 가벼운 소재로 제작되며 운동화 형태가 많습니다.

▶ **특징:** 파크골프 신발은 통기성이 좋고, 바닥이 미끄럽지 않도록 고무 밑창으로 제작되어 있습니다. 이는 잔디밭, 흙길 등 다양한 지면에서 안정적인 자세를 유지하도록 도와줍니다.

▶ **기능:** 신발은 발을 보호하고, 땅에 단단히 붙을 수 있도록 해 줍니다. 또한, 장시간 걸어도 발에 부담을 덜 주는 편안한 착용감을 제공합니다.

5) 파크골프 티 (Tee)

티는 공을 티박스에서 치기 전에 올려놓는 기구로, 보통 고무 소재나 부드러운 재질로 만들어집니다.

▶ **기능:** 파크골프 티는 공을 일정한 높이에 올려놓을 수 있도록 도와주며, 티샷을 할 때 공이 더 잘 뜨고 정확히 날아갈 수 있도록 합니다.

 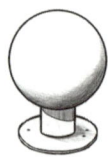

▸ **특징:** 파크골프에서는 2.3cm 이하의 높이로 티를 사용할 수 있으며, 플레이어의 취향에 맞게 편리하게 사용할 수 있습니다.

6) 거리 측정기 (옵션)

거리 측정기는 공과 홀컵 사이의 거리를 정확히 측정하는 데 유용한 장비입니다. 비거리 측정기가 있어야 더 정확한 샷을 할 수 있지만, 이는 필수 장비는 아닙니다. 그러나, 일정 수준 이상의 경기나 훈련에서는 유용하게 활용됩니다.

▸ **기능:** 거리 측정기는 정확한 비거리를 확인하여, 스윙의 크기를 얼마나 할 것인지 결정하는데 도움을 줍니다.

▸ **옵션:** 대부분의 파크골프 코스에서는 거리 측정기를 사용할 수 있지만, 일부 코스에서는 금지할 수도 있습니다. 따라서, 사용 여부는 사전에 확인이 필요합니다.

7) 파크골프 가방

파크골프 가방은 클럽과 기타 장비를 안전하게 운반할 수 있는 필수 아이템입니다. 파크골프 가방은 다른 골프 가방과 비슷하지만, 더 간단하고 가벼운 디자인이 특징입니다.

▸ **기능:** 클럽, 공, 티, 물품을 효율적으로 수납할 수 있도록 설계된 파크골프 전용 가방이 있습니다.

▸ **특징:** 보통 가벼운 무게로 설계되어 있으며, 손잡이나 어깨끈이 있어 편리하게 이동할 수 있습니다.

8) 기상 장비 (우산, 물통 등)

파크골프를 하는 동안 날씨에 대비할 수 있는 기상 장비도 중요합니다. 우산이나 물통은 특히 더운 날씨나 비 오는 날에 필수적입니다.

▸ **우산:** 비가 올 때나 강한 햇빛을 차단할 때 유용합니다.
▸ **물통:** 물은 체력을 유지하는 데 필수적이므로, 경기를 진행하면서 수시로 마실 수 있도록 준비하는 것이 좋습니다.

9) 기타 보조 장비

▸ **볼 마커(Marker):** 그린에서 공의 위치를 표시할 때 사용하는 장비입니다.
▸ **볼 리프터(Lifter):** 그린에서 공을 집어내는 데 사용됩니다.
▸ **티박스 마커:** 경기를 시작할 때, 각 플레이어가 타격할 위치를 표시하는 작은 기구입니다.

2. 코스 설계 및 환경 관리

1) 코스 구성 요소

▸ **티잉 구역:**

각 홀의 시작점으로, 공을 치기 위한 평평한 지역입니다. 색깔이나 번호로 표시되어 있으며, 방향을 명확히 나타냅니다.

▶ **페어웨이:** 티잉 구역과 그린 사이의 주요 구간으로, 잔디가 잘 관리되어 공이 원활히 구를 수 있도록 설계됩니다. 페어웨이 폭은 보통 10~30미터로 다양하며, 장애물이나 굴곡을 포함하여 도전적인 요소를 제공합니다.

▶ **그린:** 홀 주위의 잔디가 짧게 깎인 지역으로, 정밀한 퍼팅이 요구됩니다. 그린의 크기는 보통 5~10미터 직경으로 유지됩니다.

▶ **장애물:** 코스의 난이도를 높이기 위해 배치된 요소로, 나무, 모래 함정, 물 웅덩이 등이 포함됩니다. 플레이어는 이러한 장애물을 극복하기 위해 전략적으로 샷을 계획해야 합니다.

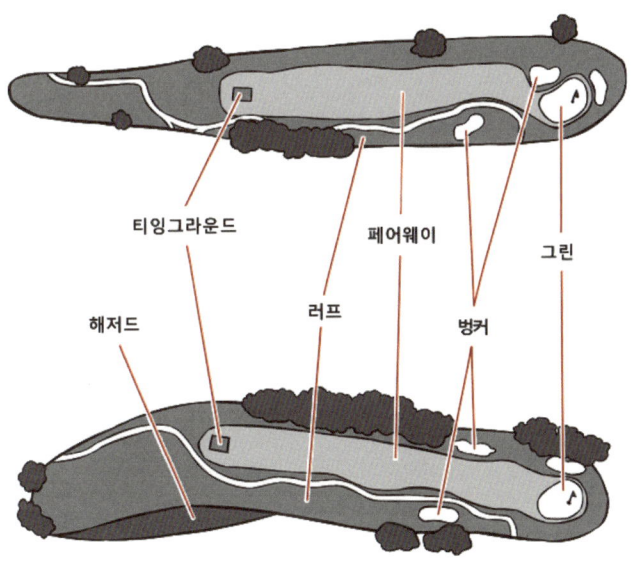

2) 코스 설계 기준

- **홀 길이:** 홀당 길이는 30~100미터 사이로 설정하며, 초보자와 숙련자를 모두 고려하여 다양한 난이도를 제공합니다.

- **홀 구성:** 코스는 보통 9홀 또는 18홀로 구성되며, 각 홀은 파(Par)3, 파(Par)4, 파(Par)5로 다양하게 구성되어 있습니다.

- **안전성:** 공이 다른 플레이어에게 위험을 초래하지 않도록 홀 간 충분한 간격을 유지합니다. 스윙이나 공의 비행 경로를 방해하지 않도록 설계합니다.

- **접근성:** 모든 연령층이 이용할 수 있도록 경사도와 이동 경로를 설계합니다. 휠체어 사용자를 위한 평평한 통로와 램프(Ramp)를 추가합니다.

- **코스 테마:** 지역의 자연적 특성을 살린 디자인을 통해 독특한 경기 경험을 제공합니다. 예를 들어, 호숫가, 숲, 평야 등의 환경을 테마로 설정할 수 있습니다.

3) 환경 친화적 관리 방안

- **천연 잔디 유지:** 정기적인 물과 거름을 제공하여, 잔디의 품질뿐 아니라 주변 환경 오염을 최소화합니다.

- **농약 및 비료 사용 최소화:** 친환경 인증을 받은 제품을 사용하며, 필요시에만 국한하여 사용합니다.

- **에너지 절약:** 자동 급수 시스템을 활용하여 물 사용을 절감합니다. 태양광 조명과 같은 친환경 에너지원을 설치합니다.

- **지역 생태계 보존:** 코스 설계 시 지역의 자연환경과 생태계를 해치지 않도록 배치합니다. 야생 동물 서식지를 보호하기 위한 완충 구역을 설정합니다.

- **쓰레기 관리:** 코스 내 분리수거 시설을 설치하고, 참가자들이 쓰레기를 적절히 처리하도록 유도합니다.

- **커뮤니티 참여:** 지역 주민과 협력하여 파크골프장 내·외부 환경 보전 프로젝트를 시행합니다. 환경 교육과 캠페인을 통해 지속 가능한 관리에 대한 인식을 제고합니다.

요약

1. 기본 장비
- 클럽: 전용 클럽 1개 사용, 무게 600g 미만, 나무 헤드로 정밀한 조준 가능
- 공: 플라스틱 재질, 지름 60mm, 무게 80~95g, 선명한 색상으로 제작
- 장갑: 합성가죽 또는 메쉬 소재, 그립력 향상 및 손 보호 기능
- 신발: 통기성이 좋고 미끄럼 방지 기능이 있는 운동화 형태
- 티 (Tee): 공을 일정 높이에 놓기 위한 고무 또는 부드러운 재질
- 거리 측정기 (옵션): 공과 홀컵 사이 거리 측정, 일부 코스에서는 사용 제한 가능
- 가방: 장비 운반용, 가벼운 무게와 편리한 디자인
- 기상 장비: 우산, 물통 등 날씨 대비 용품
- 기타 보조 장비: 볼 마커, 볼 리프터, 티박스 마커 등

2. 코스 설계 및 환경 관리
- 코스 구성 요소
  - 티잉 구역: 경기 시작 지점
  - 페어웨이: 티잉 구역과 그린 사이의 구간
  - 그린: 짧게 깎인 잔디 지역, 정밀한 퍼팅 요구
  - 장애물: 나무, 모래 함정, 물 웅덩이 등 난이도 조절 요소
- 코스 설계 기준
  - 홀 길이: 30~100m
  - 홀 구성: 9홀 또는 18홀, 파(Par)3~5로 구성
  - 안전성: 홀 간 충분한 간격 유지
  - 접근성: 모든 연령층이 이용할 수 있도록 설계
  - 코스 테마: 자연환경을 반영한 디자인
- 환경 친화적 관리 방안
  - 천연 잔디 유지 및 친환경 비료 사용
  - 자동 급수 시스템 및 태양광 조명 도입
  - 지역 생태계 보호 및 쓰레기 관리 강화
  - 지역 주민과 협력하여 환경 보호 프로젝트 운영결론

III

파크골프 기본 기술

III. 파크골프 기본 기술

> **학습 목표**
> - 파크골프의 가장 기본이 되는 그립법을 이해한다.
> - 파크골프의 다양한 스윙기술을 이해한다.
> - 다양한 상황에서의 스윙방법을 이해하고 심화전략을 수립할 수 있다.

1. 그립방법

그립은 파크골프에서 가장 중요한 기본 기술 중 하나입니다. 올바른 그립은 정확한 타격을 가능하게 하고, 힘을 효율적으로 전달할 수 있도록 돕습니다. 다음은 파크골프에서 자주 사용되는 그립 방법입니다.

1) 오버래핑 그립(오른손 기준)

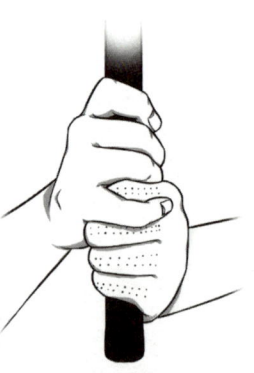

- **설명:** 두 손을 겹쳐서 잡는 가장 일반적인 그립 방법입니다. 오른손의 새끼손가락을 왼손의 검지와 중지 사이에 겹칩니다.
- **장점:** 손의 안정성을 높여주며, 클럽을 강하게 제어할 수 있습니다.
- **팁:** 그립을 너무 세게 잡지 말고, 손끝에만 힘을 주어 잡고, 손목과 팔꿈치가 자연스럽게 움직이도록 합니다.

2) 인터로킹 그립(오른손 기준)

- ▸ **설명:** 오른손의 새끼손가락과 왼손의 검지손가락을 교차시켜서 잡는 방법입니다. 이 그립은 강한 안정성을 제공합니다.
- ▸ **장점:** 두 손의 협력적인 움직임을 돕고, 손목에 가해지는 부담을 줄여줍니다.
- ▸ **팁:** 그립을 너무 강하게 잡지 않도록 주의하고, 두 손이 하나처럼 움직이도록 의식적으로 연습합니다.

3) 베이스볼 그립(오른손 기준)

- ▸ **설명:** 마치 야구방망이를 잡는 모양의 그립으로 오른손과 왼손이 오버래핑 그립과 인터로킹 그립처럼 서로 겹치거나, 엮이지 않은 상태로 잡는 그립으로, 오른손의 새끼손가락이 왼손의 검지손가락과 겹치지 않고 바로 위에 위치하며 잡는 방법입니다.
- ▸ **장점:** 손가락이 겹치거나, 꼬이지 않아 편안하고 자연스럽게 그립을 잡을 수 있습니다.
- ▸ **팁:** 양손을 그립에 따로 잡기 때문에, 양손의 악력을 최대한 동일하게 유지할 수 있도록 합니다.

4) 정확도 그립 강도

그립은 너무 세게 잡으면 손목의 자유로운 움직임이 제한되고, 너무 약하면 컨트롤이 어려워집니다. 적당히 힘을 주어 공을 정확하게 칠 수 있는 그립 강도를 찾는 것이 중요합니다.

① **뉴트럴 그립(오른손 기준)**
- ▶ **설명:** 왼손 엄지손가락과 검지손가락 사이가 그립 중앙을 바라보게 잡는 그립입니다.
- ▶ **장점:** 가장 대중적이면서 모든 구질을 컨트롤 하기 쉬운 그립으로, 방향 및 구질 컨트롤에 용이한 그립입니다.

② **스트롱 그립(오른손 기준)**
- ▶ **설명:** 왼손 엄지손가락을 중앙보다 조금 더 오른쪽에 두는 형태의 그립입니다.
- ▶ **장점:** 슬라이스 구질을 방지하기 위한 그립입니다.

③ **위크 그립(오른손 기준)**
- ▶ **설명:** 왼손은 바깥쪽으로, 오른손은 안쪽으로 돌려잡는 방식의 그립입니다.
- ▶ **장점:** 훅 구질을 방지하기 위한 그립입니다.

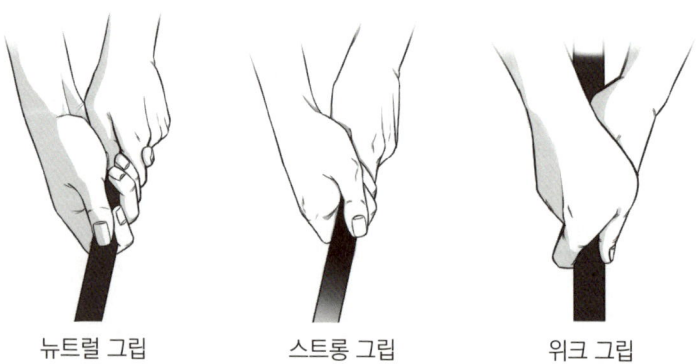

뉴트럴 그립　　　스트롱 그립　　　위크 그립

2. 스윙의 기초

파크골프에서 스윙은 공을 정확하게 타격하고 원하는 방향으로 보내는 데 중요한 역할을 합니다. 올바른 스윙은 부드럽고 안정적인 동작을 필요로 하며, 타격의 정확도를 높입니다. 플레이어는 백스윙 탑의 정도에 따라 풀 스윙(Full Swing), 하프 스윙(Half Swing)으로 구분됩니다.

1) 어드레스 (Address)

- **발 위치:** 어깨너비로 발을 벌리고, 무릎을 약간 굽힌 채 안정적인 자세를 취합니다. 체중은 발바닥 전체에 고르게 분배합니다.
- **몸의 회전:** 스윙을 할 때 팔꿈치는 고정하고, 상체를 회전시켜 공을 타격합니다. 몸의 중심은 움직이지 않도록 하여 일관된 스윙이 가능하게 합니다.
- **헤드 위치:** 클럽 헤드는 항상 공 뒤에 위치해야 하며, 스윙을 시작할 때 자연스럽게 공을 향해 끌어당기듯이 움직입니다.

2) 테이크 백 (Take Back)

▶ **테이크 백:** 풀 스윙 테이크 백에서는 팔과 몸통을 함께 회전시켜 클럽헤드가 지면과 수평이 될 때까지 올리는 단계입니다.

3) 백스윙 탑 (Backswing Top)

▶ **풀 스윙 백스윙 탑:** 풀 스윙에서 백스윙 탑은 상체와 팔을 함께 회전시켜 공의 타격면을 준비합니다. 팔꿈치는 너무 많이 구부리지 말고, 클럽 헤드는 지면을 향하게 하여 정확한 타격을 준비합니다.

▶ **하프 스윙 백스윙 탑:** 하프 스윙에서 백스윙 탑은 클럽 샤프트가 지면과 평행하거나 약간 올라간 상태에서 멈추고 오른쪽 팔꿈치는 몸에 붙이며, 상체 회전은 적당히 이루어집니다.

▶ **차이점:** 하프스윙은 상체와 클럽의 회전범위가 제한적이며, 풀스윙은 더 큰 회전과 손목을 사용하여 스윙하는 것이 차이점입니다.

4) 다운스윙 (Down Swing)

▶ **다운스윙:** 다운스윙은 하체에서 시작되어 상체로 이어지며, 클럽 헤드를 자연스럽게 공을 향해 내리꽂는 동작입니다. 팔꿈치를 지나치게 확장하지 않도록 주의합니다.

▶ **팔꿈치와 손목:** 스윙 중 팔꿈치는 몸 가까이 유지하고, 손목은 자연스럽게 사용하여 부드럽게 스윙합니다.

5) 임팩트 (Impact)

임팩트는 클럽 헤드가 공을 정확하게 타격하는 순간입니다. 체중은 왼발(오른손 기준)에 실려있는 상태에서 손은 공보다 약간 앞쪽에 위치해야 하며, 클럽과 공이 접촉할 때 클럽 페이스 면 정중앙으로 공을 타격해야 정확한 볼 컨트롤이 가능하다.

6) 팔로우스루 (Follow Through)

공을 타격한 후에는 팔꿈치를 완전히 펼치지 않고, 스윙을 끝까지 자연스럽게 이어가며 공을 치고 나간 후에 몸이 따라가게 합니다. 팔로우스루는 타격의 정확도를 높이는 중요한 부분입니다.

7) 피니쉬 (Finish)

풀 스윙의 마무리 단계로, 하프 스윙의 경우 6단계인 팔로우스루 단계에서 스윙이 마무리 됩니다. 풀 스윙의 피니쉬는 몸이 목표 방향을 완전히 바라보며 안정적인 자세를 유지하는 것으로 스윙을 마무리합니다.

3. 퍼팅 기술

퍼팅은 파크골프에서 중요한 기술 중 하나로, 그린에서 공을 정확하게 홀에 넣기 위해서는 정밀한 기술이 필요합니다.

1) 퍼팅 그립

▶ **그립 방식:** 퍼터를 잡을 때는 두 손을 자연스럽게 내리고, 손목을 고정하여 팔꿈치와 팔로 공을 밀어주는 방식으로 그립합니다. 그립을 너무 강하게 잡지 말고, 부드럽고 안정적인 터치를 위해 적당한 강도를 유지합니다.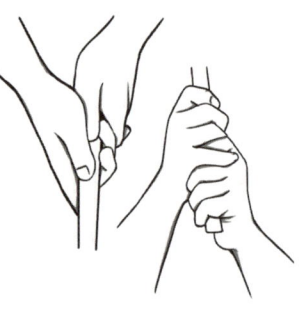

▶ **그립 팁:** 손목을 고정하고 팔꿈치로 퍼터를 밀어주는 방식이 이상적입니다. 퍼터를 너무 세게 잡으면 손목의 움직임이 제한되고, 너무 약하면 정확한 조준이 어려워집니다.

2) 퍼팅 자세

▶ **눈의 위치:** 공과 홀을 직선으로 바라보며, 눈은 공 바로 위에 위치하도록 합니다.
▶ **몸의 자세:** 무릎을 약간 구부리고, 상체를 기울여 팔꿈치를 고정한 상태에서 퍼팅을 합니다.
▶ **공의 위치:** 공은 왼발 앞쪽에 두고, 공을 밀어내는 형태로 퍼팅을 합니다.

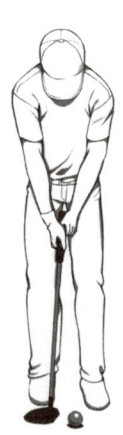

3) 퍼팅 연습

- **짧은 퍼팅 연습:** 짧은 거리에서 정확하게 홀에 넣는 연습을 반복합니다. 거리감을 익히는 것이 퍼팅에서 가장 중요합니다.
- **롱 퍼팅:** 롱 퍼팅을 할 때는 거리와 방향을 동시에 고려해야 합니다. 목표는 공을 홀 근처로 보내는 것입니다.
- **퍼팅의 리듬:** 퍼팅에서 가장 중요한 요소 중 하나는 리듬입니다. 지나치게 빠르거나 느린 퍼팅은 정확도를 떨어뜨리므로 일정한 리듬을 유지합니다.

4. 파크골프 심화 기술과 전략

파크골프는 기본 기술을 익힌 후에도 심화된 기술과 전략을 통해 더 정교한 경기 운영과 성과를 낼 수 있습니다. 다양한 상황에서 적응력과 창의성을 발휘해야 하며, 각 샷의 목적에 따라 기술을 다르게 적용하는 것이 중요합니다. 심화 기술과 전략은 개인의 기술적 성장을 돕는 동시에 경기의 재미를 더해줍니다.

5. 파크골프에서의 다양한 상황과 대처법

파크골프에서는 기존 전통 골프와 같이 볼을 다양한 상황에서 처리해야 되는 상황이 생기게 됩니다. 따라서 플레이어는 코스의 특성을 이해하면서 장애물을 극복하는 대처를 할 필요가 있습니다. 아래 내용은 파크골프에서 다양한 상황에 따른 올바른 스윙 방법 및 대처법을 티샷, 세컨드 샷, 어프로치 샷, 퍼팅 샷으로 구분하여 설명합니다.

1) 티샷 (Tee Shot)

▶ **특징:** 파크골프에서 티샷은 플레이어가 각 홀의 시작점인 티잉그라운드에서 볼을 첫 번째로 치는 샷을 의미합니다. 티샷은 볼을 티 위에 올려놓은 상태에서 스윙을 진행하며, 이는 지면 마찰력을 줄여주어 비거리를 늘리는데 도움을 줍니다.

▶ **주의사항:** 티샷은 모든 플레이어가 동일한 장소에서 샷을 하기 때문에, 스윙을 하기 전에 주변에 다른 플레이어가 없는지 확인을 한 뒤에 안전하게 진행합니다. 티샷을 너무 강하게 치려고 하면, 볼이 원하는 방향으로 가지 않기 때문에, 거리가 조금 덜 나가더라도 원하는 위치에 볼을 보내는 것을 우선으로 해야 됩니다.

2) 세컨드 샷 (Second Shot)

▶ **설명:** 세컨드 샷은 티샷을 치고 난 이후에 다음에 치는 샷을 의미합니다. 세컨드 샷은 티샷과는 다르게 다양한 상황에서 플레이를 진행해야 되며 주로 페어웨이, 러프, 벙커 등 다양한 위치에서 샷을 준비해야 합니다.

※ 상황에 따른 세컨드샷 전략 ※

① 페어웨이

페어웨이는 비교적 공이 좋은 위치에 놓여져 있는 상태로, 정확하고 부드러운 스윙으로 거리에 맞게 스윙을 하여 그린을 직접적으로 공략할 수 있습니다.

(1) 파5: 티샷 이후 아직 그린까지 거리가 많이 남아 있어 그린 방향으로 공을 멀리 보내는데 집중하는 것이 좋은 전략입니다.

(2) 파4: 티샷 이후 공을 세컨드 샷으로 공을 그린에 직접적으로 공략하거나, 그린 바로 근처까지 보내는 것이 좋은 전략입니다.

(3) 파3: 파3의 경우 일반적으로 티샷이 그린 근처로 가는 경우가 많기 때문에, 세컨드 샷을 하는 경우가 드물지만, 첫 티샷이 그린을 벗어난 경우, 다시 그린 방향을 향해 직접적으로 공략하는 것이 중요합니다.

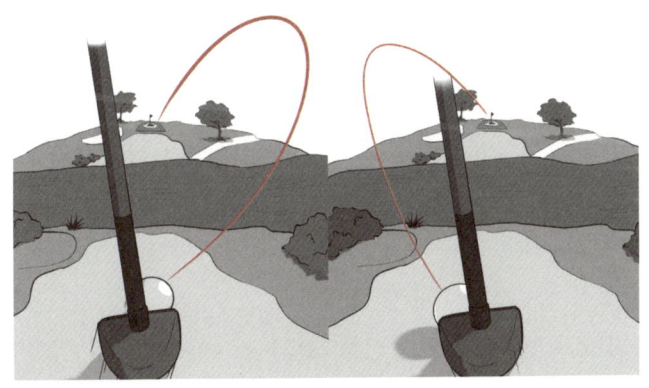

② 트러블 샷

(1) 러프에 빠졌을 때: 일반적으로 러프는 페어웨이에 비해 풀이 억세고 길어 티샷을 친 볼이 러프에 묻혀 있거나, 러프 위에 놓여져 있는 상태가 될 수 있습니다.

- **풀 속에 묻혀 있는 상황:** 볼의 하단을 강하게 임팩트하는 스윙을 하여 공을 러프에서 빼는 전략을 펼치는 것이 중요합니다.
- **볼이 러프 위에 올려져 있는 상황:** 볼의 하단을 강하게 임팩트 하는 스윙이 아닌, 마치 마당 위를 빗자루로 쓸 듯이 러프 위에 있는 볼의 정 중앙을 타격하여, 볼을 그린 방향으로 보내는 전략을 펼치는 것이 중요합니다.

(2) 라이가 안 좋을 때: 티샷으로 친 볼은 지형의 상태에 따라 오르막 혹은 내리막 경사에서 정지한 경우가 있습니다. 이런 상황에서의 세컨드 샷은 지면의 경사로 인해, 스윙을 하는데 몸의 균형을 유지하기가 어렵기 때문에 지면에 맞춰 어깨 기울기를 설정하는 등 평평한 지형과는 다른 방식으로 스윙을 해야 됩니다.

▶ **볼이 오르막에 놓여 있는 상황:** 볼의 위치를 양 발의 정중앙에서 약간 오른쪽에 놓습니다. 클럽을 기존에 잡던 방식보다 약간 짧게 잡아 임팩트시, 클럽 헤드가 볼을 정확하게 임팩트 하고, 지나갈 수 있도록 합니다. 몸의 체중은 오른발에 둔 상태에서 강하게 스윙하며, 스윙은 기존보다 약간 작고, 피니쉬는 낮게 합니다.

▶ **볼이 내리막에 놓여 있는 상황:** 볼의 위치를 양발의 정중앙에서 약간 왼쪽에 놓습니다. 클럽을 기존에 잡던 방식보다 약간 길게 잡아 임팩트시, 클럽 헤드가 볼을 정확하게 임팩트 하고, 지나갈 수 있도록 합니다. 몸의 체중은 왼발에 둔 상태에서 부드럽게 스윙하며, 스윙은 기존보다 약간 크고, 피니쉬는 높게 합니다.

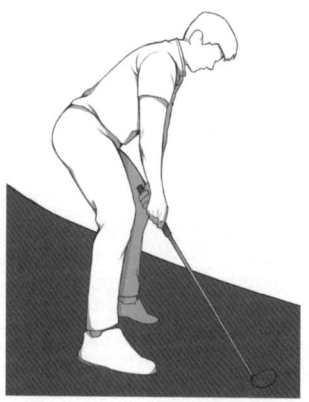

▶ **주의사항:** 경사면에서 스윙을 하게 되면 평소와는 다른 구질이 생겨납니다. 따라서, 트러블 샷 중 하나인 경사면에서 볼을 원하는 위치로 보내기 위해서는 발의 위치, 어깨 기울기 설정 등을 통해 경사면에 따라 몸의 균형을 유지하는 것이 가장 중요합니다.

(3) 벙커에 빠졌을 때: 벙커는 그린 주변에 배치된 그린 사이드 벙커와 페어웨이에 배치된 페어웨이 벙커로 나뉩니다.

▶ **볼이 모래 위에 떠 있는 상황:** 볼이 벙커 모래 위에 떠 있는 상황에서는 공의 하단이 아닌 직접적으로 공을 맞추는 느낌으로 부드럽게 스윙하여 벙커를 탈출합니다.

▶ **볼이 모래에 묻혀 있는 상황:** 볼이 벙커 내 모래에 묻혀 있는 상황에서는 공 바로 뒤의 모래를 강하게 쳐서 공을 벙커에서 탈출합니다.

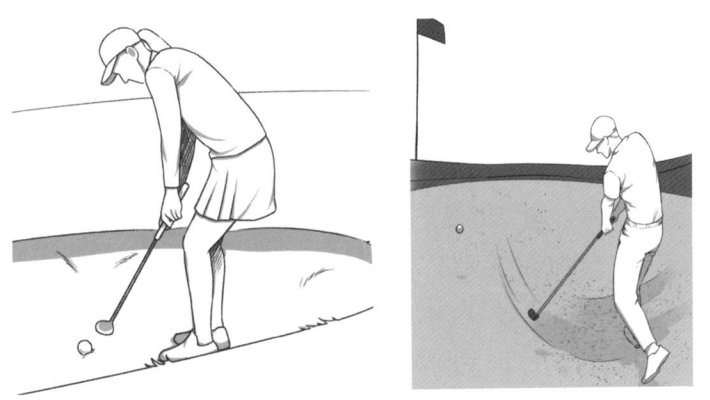

(4) 장애물(물, 나무, 암벽, 안전망 등)을 만났을 때: 파크골프에서 장애물은 코스 공략의 난이도를 높이는 요소로, 이를 효과적으로 극복하는 기술과 전략은 경기력 향상에 필수적입니다. 장애물에는 물, 벙커, 나무, 러프, 경사진 지형 등 다양한 종류가 있으며, 각각의 상황에 맞는 대처법을 익히는 것이 중요합니다.

▶ **장애물 분석:** 티샷으로 친 공이 장애물 근처에 떨어졌을 때 우선적으로 해당 장애물이 그린을 공략하는데 공의 진로, 혹은 스윙에 방해가 되는지 확인을 해야 됩니다.

▶ **장애물을 넘기기 어려운 상황:** 장애물을 넘기기 어려운 상황에서는 근처 페어웨이 혹은 안전 구역으로 공을 보내는 다음 샷을 고려하여 최적의 위치를 목표로 설정해야 합니다.

▶ **장애물을 넘길 수 있는 상황:** 정면 혹은 측면에 장애물을 넘길 수 있는 상황이라면 공의 하단 부분을 정밀하게 타격하여 장애물을 넘기기 위해 필요한 최소 거리를 정확하게 파악합니다.

3) 어프로치 샷 (Approach Shot)

① 칩샷 (Chip Shot)

▶ **설명:** 장애물이 없는 상태에서 공이 홀컵 근처까지 안정적으로 위치시켜야 할 때, 공을 굴리는 데 초점을 둔 낮은 탄도의 어프로치 샷입니다.

▶ **기술 방법:** 공을 스탠스의 중심에 두고 체중을 약간 앞쪽으로 실어줍니다. 부드럽고 짧은 스윙으로 공을 굴리듯이 칩니다.

② 피치샷 (Pitch Shot)

▶ **설명:** 칩샷과 로브샷의 중간 정도의 높이와 거리로 공을 띄우고 굴러갈 수 있게 보내는 샷입니다.

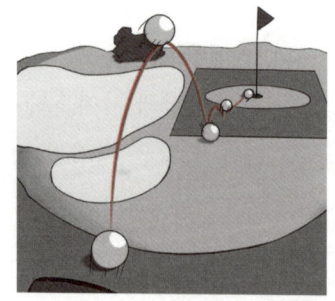

▸ **기술 방법:** 공의 하단을 부드럽게 타격하여 높이와 거리의 균형을 맞춥니다. 짧고 정확한 스윙으로 공의 구름을 최소화합니다.

③ **로브샷 (Lob Shot)**

▸ **설명:** 나무, 벙커, 물 등의 장애물을 넘기거나, 홀컵 주변에서 정교한 어프로치가 필요할 때 공의 탄도를 띄어 장애물을 넘기기 위해 사용하는 샷입니다.

▸ **기술 방법:** 스윙은 부드럽고 일정하게 유지하며 공의 하단을 타격합니다. 체중을 약간 뒤로 이동하여 공의 높이를 더 극대화합니다.

공이 그린에 떨어지면서 구르지 않도록 조절합니다.

4) 퍼팅 샷 (Putting Shot)

▸ **설명:** 그린 위에서 홀컵에 가까워지거나 직접 넣기 위한 샷으로 섬세한 거리와 방향 조절이 중요합니다.

▸ **기술 방법:** 그린의 경사와 속도를 면밀히 분석하기 위해, 홀까지의 거리를 발걸음 혹은 시각적으로

계산하고, 그린의 경사를 읽어야 합니다. 짧은 거리에서는 부드럽게, 긴 거리에서는 적절히 힘을 조절합니다. 손목을 사용하지 않고 팔 전체로 스윙하여 안정적인 스트로크를 유지합니다.

5) 상황별 샷 선택 팁

- **바람이 강할 때:** 낮은 탄도의 샷으로 바람의 영향을 최소화합니다.
- **경사진 지형에서:** 스탠스와 체중 배분을 조절하여 공이 직선으로 날아가도록 합니다.
- **긴 거리에서:** 정확도를 유지할 수 있는 범위 내에서 최대한의 파워를 활용합니다.
- **짧은 거리에서:** 부드러운 스윙과 클럽 페이스 조작으로 공을 안정적으로 홀컵에 가깝게 보냅니다.

6) 파크골프 다양한 전략

파크골프에서는 다양한 상황에서 적절한 전략을 사용하는 것이 필요합니다. 이러한 전략은 플레이어가 코스의 특성과 장애물을 극복하며 전략적인 플레이를 펼칠 수 있도록 돕습니다. 아래는 파크골프에서 적용할 수 있는 다양한 전략에 대해 자세히 설명합니다.

① 코스 공략 전략

코스를 이해하고 자신의 실력에 맞는 최적의 루트를 선택하는 것이 중요합니다.

- **코스 분석:** 경기 전 코스를 걸어 다니며 홀의 길이, 장애물 위치, 그린의 상태 등을 파악합니다. 장애물을 피하기 위한 안전한 루트를 구상합니다.
- **샷 루트 결정:** 티샷 후 공을 보내야 할 이상적인 위치를 설정합니다. 각 홀마다 목표 지점을 미리 정하고 샷을 계획합니다.

② 다양한 샷 응용

상황에 따라 다양한 샷 기술을 적용할 줄 알아야 합니다.

- **바람이 강한 날:** 낮게 깔리는 샷을 구사하여 바람의 영향을 줄입니다.
- **경사가 있는 지형:** 발 위치가 높은 경사에서는 샷이 짧게 나가기 쉽습니다. 클럽을 강하게 잡아 보완합니다.
- **홀 근처에서의 짧은 샷:** 어프로치 샷이나 퍼팅을 활용해 공을 정확히 홀에 넣도록 연습합니다.

③ **심리적 전략**

파크골프는 집중력과 심리적 안정감이 중요한 스포츠입니다. 경기에 임하면서 긍정적이고 차분한 마음가짐을 유지해야 합니다.

- **침착함 유지:** 장애물을 만났을 때 당황하지 않고 침착하게 대처합니다. 상황에 따라 빠르게 대안을 계획하고, 현실적인 목표를 설정합니다.
- **집중력 유지:** 각 샷에 집중하고, 실수에 대해 너무 걱정하지 말고 다음 샷에 집중합니다.
- **긍정적인 자세:** 실수를 두려워하지 않고, 장애물 극복을 새로운 도전으로 여깁니다. 작은 성공을 통해 자신감을 유지합니다.

④ **경쟁 전략**

상대방의 경기 스타일을 관찰하며 자신의 전략을 조정합니다. 필요시 보수적인 플레이로 안정적인 경기를 유지합니다.

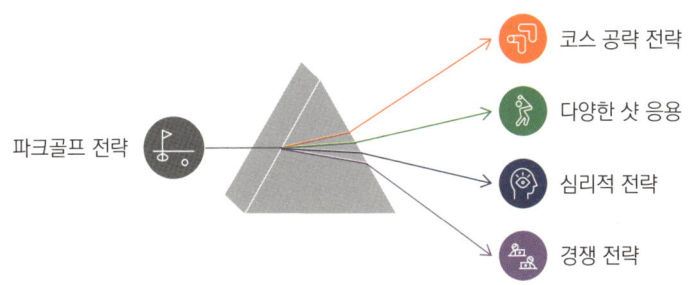

7) 훈련 및 심화 학습

① 개별 훈련

자신의 약점을 파악하고 반복적인 연습을 통해 보완합니다. 심화 기술을 익히기 위해 정기적으로 연습 시간을 가집니다.

② 시뮬레이션 훈련

코스 상황을 시뮬레이션하여 다양한 기술을 실제 상황에서 적용할 수 있도록 연습합니다.

③ 경기 피드백

자신이 참여한 경기를 피드백하며 부족한 점과 개선점을 분석합니다. 플레이 중 실수한 샷을 다시 연습하여 기술적 완성도를 높입니다.

요약

1. 그립 방법
- 올바른 그립은 정확한 타격과 효율적인 힘 전달을 가능하게 합니다.
  - 오버래핑 그립: 가장 일반적인 방식으로 손의 안정성을 높여줍니다.
  - 인터로킹 그립: 손가락을 엮어 잡아 손목 부담을 줄이고 안정성을 강화합니다.
  - 베이스볼 그립: 손가락이 겹치지 않아 편안하게 잡을 수 있습니다.
- 그립 강도 조절:
- 뉴트럴 그립: 모든 구질을 컨트롤하기 용이함.
- 스트롱 그립: 슬라이스 방지에 효과적.
- 위크 그립: 훅 방지에 유리함.

2. 스윙 기초
- 스윙 자세: 어깨너비로 서고 체중을 고르게 분배하며 상체 회전으로 스윙.
- 백스윙과 다운스윙: 부드럽게 상체와 팔을 함께 움직여 자연스럽게 타격.
- 팔로우스루: 타격 후 끝까지 스윙을 유지하여 정확도 향상.

3. 퍼팅 기술
- 퍼팅 그립: 손목을 고정하고 팔로 밀어주는 방식.
- 퍼팅 자세: 눈을 공 위에 위치시키고 몸을 안정적으로 유지.
- 퍼팅 전략: 짧은 퍼팅 연습, 롱 퍼팅 거리 조절, 일정한 리듬 유지.

4. 심화 기술과 전략
- 어프로치 샷: 거리와 방향을 조절해 홀 근처에 공을 배치.
- 스핀 샷: 백스핀을 활용해 공이 바로 멈추도록 조절.
- 드로우/페이드 샷: 공을 좌우로 휘게 만들어 장애물 회피.
- 로브 샷: 높은 탄도로 장애물을 넘기는 샷.

5. 경기 전략
- 코스 공략: 코스 분석 후 최적의 샷 루트 선택.
- 장애물 극복: 벙커, 물 장애물, 좁은 페어웨이 등 상황별 전략 적용.
- 심리적 전략: 집중력 유지, 긍정적인 마인드 유지.
- 훈련 방법: 개별 연습, 시뮬레이션 훈련, 경기 피드백 분석.
- 이 요약을 기반으로 더욱 체계적인 연습과 전략적 플레이를 할 수 있습니다.

IV

파크골프 코스 공략법

IV 파크골프 코스 공략법

> **학습 목표**
> - 파크골프 코스를 분석하고 공략하기 위한 전략을 수립할 수 있다.
> - 다양한 상황에서의 샷 방법을 이해한다.
> - 파크골프의 다양한 응용 샷을 이해한다.

1. 코스 분석의 중요성

파크골프는 코스의 구조와 각 홀의 특성을 이해하고, 적절한 전략과 기술을 활용해 공을 효과적으로 플레이하는 것이 중요합니다. 코스 공략법은 홀마다 최적의 루트를 선택하고, 장애물을 극복하며, 정확한 샷을 구사하기 위한 계획을 포함합니다. 아래는 파크골프 코스를 효과적으로 공략하기 위한 다양한 전략과 방법입니다.

1) 경기 전 코스 탐색

- **코스 구조 이해:** 각 홀의 길이, 장애물 배치, 그린의 위치와 상태를 사전에 파악합니다. 코스맵 활용하여 홀의 레이아웃과 거리 정보를 확인합니다.
- **홀의 난이도 평가:** 넓은 페어웨이와 좁은 페어웨이를 구분하여 샷의 방향성과 거리를 설정합니다. 장애물이 많은 홀에서는 안전한 경로를 우선 고려합니다.

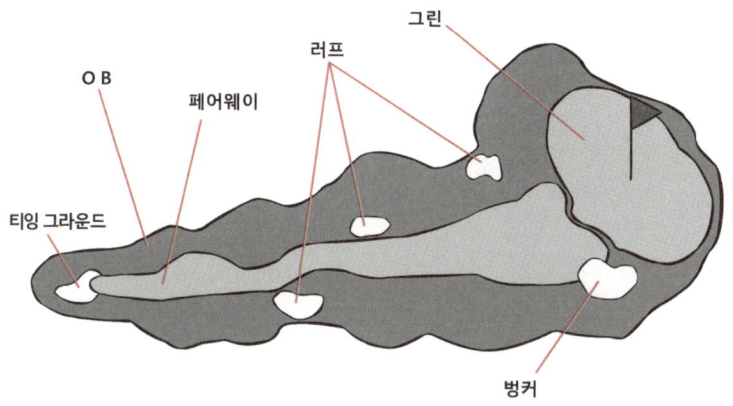

2) 환경 조건 고려

▶ **바람:** 바람의 방향과 세기를 파악하여 샷의 강도와 방향을 조정합니다. 바람이 강할 경우 낮은 탄도의 샷을 구사하여 공의 안정성을 높입니다.

▶ **날씨와 지면 상태:** 비가 오거나 습한 날에는 잔디가 수분의 마찰력으로 공의 스핀(Spin)이 줄어들 수 있으므로 강한 샷이 필요합니다. 건조한 날씨에는 공이 많이 구를 수 있으므로 거리 계산에 주의합니다. 기온이 낮아지면 지면이 딱딱해져 공이 평상시보다 더 많이 굴러갈 수 있으므로 적절한 거리를 계산해야 합니다.

▶ **지형:** 코스의 지형 상태에 따라 샷의 강도와 방향을 조정합니다. 오른쪽 혹은 왼쪽으로 휘어져 있는 도그레그 코스를 공략할 때, 직접적으로 홀을 공략하는 것보다 꺾어지는 지점까지만 공을 보낸 다음 그린을 전략하는 것이 중요합니다.

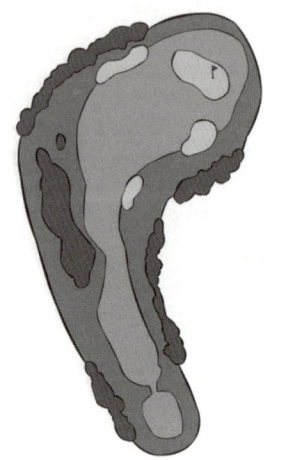
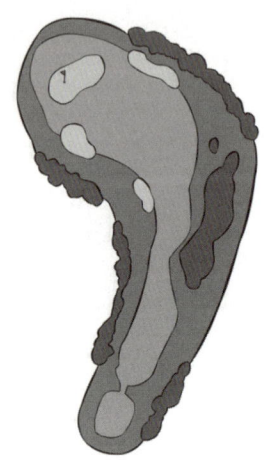

2. 티샷 공략

1) 티샷 전략

- **첫 샷의 중요성**: 티샷은 페어웨이에 공을 안정적으로 보내는 데 중점을 둡니다. 첫 샷의 성공 여부가 전체 홀의 난이도에 큰 영향을 미칩니다.
- **안전한 방향 선택**: 위험 지역(벙커, 물, 나무 등)을 피하기 위해 넓은 페어웨이를 목표로 설정합니다. 장애물이 많은 경우, 무리하게 멀리 보내기보다 짧고 안전한 티샷을 선택합니다.
- **장거리 홀 공략**: 파4, 파5와 같이 거리가 긴 홀에서는 첫 티샷을 최대한 멀리 보낸 후, 세컨드 샷으로 그린 접근을 계획합니다.

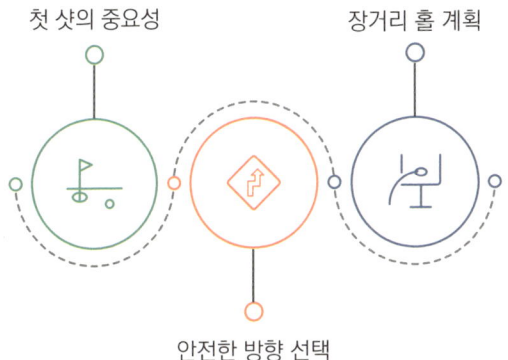

첫 샷의 중요성　　장거리 홀 계획

안전한 방향 선택

2) 티샷에서 고려할 요소

▶ **파 3:** 그린에 직접 도달하거나 가까운 위치에 공을 보내는 것이 목표입니다.
▶ **파 4:** 첫 샷으로 중간 거리를 확보하고, 세컨드 샷으로 그린에 접근합니다.
▶ **파 5:** 안전하게 두 번의 샷으로 페어웨이를 공략한 후, 세 번째 샷으로 그린을 노립니다.

3. 페어웨이 샷 공략

1) 중간 거리 샷

▶ **목표 설정:** 다음 샷을 쉽게 할 수 있는 위치를 목표로 설정합니다. 장애물을 피하고 페어웨이 중앙으로 공을 보내는 것이 중요합니다.

IV 파크골프 코스 공략법　55

▸ **장거리와 단거리 조정:** 장거리 홀에서는 강한 샷으로 최대 거리를 확보합니다. 단거리 홀에서는 정교함에 초점을 맞춰 공의 방향을 제어합니다.

2) 장애물 피하기

▸ **장애물 회피 전략:** 공이 나무나 벙커 근처에 있는 경우, 장애물을 직접 넘기기보다는 안전한 쪽으로 우회합니다. 물이나 모래를 넘기려면 샷의 강도를 신중히 계산해야 합니다.

4. 그린공략

1) 어프로치 샷

▸ **정확한 거리 계산:** 홀컵까지의 거리를 신중히 계산하고, 공을 그린에 올리는 데 집중합니다.
▸ **높이와 방향 조절:** 짧은 거리에서는 낮은 탄도의 샷으로 공을 굴리듯이 칩니다. 장애물이 가까울 경우 높은 탄도의 로브 샷으로 장애물을 넘깁니다.

2) 퍼팅 공략

▸ **그린 상태 분석:** 그린의 경사와 속도를 확인하여 공의 궤적을 예측합니다.
▸ **퍼팅 거리 조정:** 가까운 거리는 부드럽게 치되, 공이 홀에 도달하도록 충분한 힘을 사용합니다. 긴 거리는 공의 궤적과 속도를 고려하여 정확히 계산합니다.

요약

1. **코스 분석의 중요성**
   - ▶ 경기 전 코스 탐색: 코스 구조 사전 파악.
   - ▶ 환경 조건 고려: 바람, 날씨, 지형 상태에 맞춰 샷 조정.

2. **티샷 공략**
   - ▶ 전략: 첫 샷의 안정성이 중요, 장애물을 피해 페어웨이 목표.
     - 파3: 그린 직접 공략.
     - 파4: 중거리 확보 후 세컨드 샷.
     - 파5: 두 번의 샷으로 페어웨이 공략 후 그린 접근.

3. **페어웨이 샷 공략**
   - ▶ 목표: 다음 샷을 쉽게 할 수 있도록 안전한 위치 선정.
   - ▶ 장애물 피하기: 나무, 벙커 등 장애물 회피 전략 수립.

4. **그린 공략**
   - ▶ 어프로치 샷: 거리 계산 후 높이·방향 조절.
   - ▶ 퍼팅: 그린의 경사와 속도를 분석하여 거리 조정.

5. **장애물 극복 방법**
   - ▶ 물, 벙커: 안전한 경로 설정 및 탈출 기술 습득.
   - ▶ 나무·러프·경사진 지형: 샷의 방향과 강도 조절 필요.
   - ▶ 심리적 대응: 침착함 유지, 긍정적인 자세로 접근.

6. **다양한 샷 응용 기술**
   - ▶ 드로우·페이드 샷: 공의 휘는 방향을 조절해 장애물 우회.
   - ▶ 로브·피치 샷: 거리와 탄도 조절로 정밀한 샷 수행.
   - ▶ 펀치 샷: 바람이 강할 때 낮은 탄도로 샷 조절.
   - ▶ 퍼팅 응용: 거리·경사 분석 후 섬세한 스트로크 적용.
   - ▶ 하프 스윙: 짧은 거리에서 정밀한 컨트롤.

7. **상황별 샷 선택 팁**
   - ▶ 바람이 강할 때: 낮은 탄도 샷 사용.
   - ▶ 경사진 지형: 스탠스 조절로 방향성 유지.
   - ▶ 긴 거리: 최대한의 파워 유지하되 정확성 고려.
   - ▶ 짧은 거리: 부드러운 스윙으로 거리 제어.

V

파크골프 기술 훈련 및 교육 방법

V. 파크골프 기술 훈련 및 교육 방법

> **학습 목표**
> - 초보자를 위한 단계별 훈련 방법을 이해한다.
> - 숙련자를 위한 심화 훈련 방법을 이해한다.
> - 다양한 교육 훈련 방법을 이해한다.

1. 초보자를 위한 단계별 훈련

파크골프 기술 훈련 및 교육은 초보자부터 숙련자까지 단계별로 실력을 향상시키고, 효율적인 플레이를 위해 필요한 기본 기술과 응용 기술을 체계적으로 익히는 것을 목표로 합니다. 아래는 효과적인 훈련과 교육 방법에 대한 세부 내용입니다.

1) 기본 자세와 그립 익히기

- ▶ **목표:** 올바른 기본 자세와 그립법을 습득.
- ▶ **훈련 방법:** 발 간격과 체중 분배를 안정적으로 잡는 연습. 클럽의 올바른 그립 방법(오버래핑, 인터로킹, 베이스볼)을 반복적으로 연습. 거울을 사용하여 자세를 점검하며 코치의 피드백을 받음.

2) 짧은 거리에서의 컨트롤 연습

▶ **목표:** 클럽의 힘 조절과 방향성을 익히기.
▶ **훈련 방법:** 5~10m의 짧은 거리에서 타겟에 공을 보내는 연습. 그린 주변에서 칩샷과 퍼팅 연습 집중. 다양한 각도와 경사를 고려하여 목표 지점에 공을 안정적으로 보낼 수 있도록 반복 연습.

3) 기본 스윙 연습

▶ **목표:** 스윙의 타이밍과 리듬을 정확히 익히기.
▶ **훈련 방법:** 공 없이 빈 스윙 연습으로 몸의 움직임과 클럽 궤도를 점검. 점차 거리를 늘리며 10m, 20m, 30m 등으로 거리별 스윙 연습. 코치가 제공하는 피드백에 따라 스윙 자세를 교정.

2. 숙련자를 위한 심화 훈련

1) 장애물 공략 훈련

- **목표:** 물, 벙커, 나무 등 장애물 극복 능력 향상.
- **훈련 방법:** 모래와 같은 벙커 지형에서 벙커 탈출 샷 연습. 낮은 탄도와 높은 탄도를 조절하여 나무나 언덕을 넘기는 연습. 물 주변에서 안전한 공략 지점을 선택하여 전략적 플레이 연습.

2) 거리와 방향 조절 연습

- **목표:** 공의 비거리와 방향성을 정밀하게 조절.
- **훈련 방법:** 타겟을 설정하고 50m, 70m, 100m 등의 거리에서 정확한 샷 연습. 드로우 샷, 페이드 샷, 로브 샷 등 다양한 샷 응용 기술 훈련. 강한 바람이 부는 환경에서 펀치 샷 연습.

3) 전략적 코스 공략 훈련

- **목표:** 코스 상황에 맞는 최적의 샷 선택.
- **훈련 방법:** 실제 코스에서 다양한 상황을 시뮬레이션하며 샷 전략 연습. 장애물 우회, 안전한 샷 선택, 리스크 관리 능력 배양. 홀마다 3타 이내로 공략할 수 있는 계획 수립 연습.

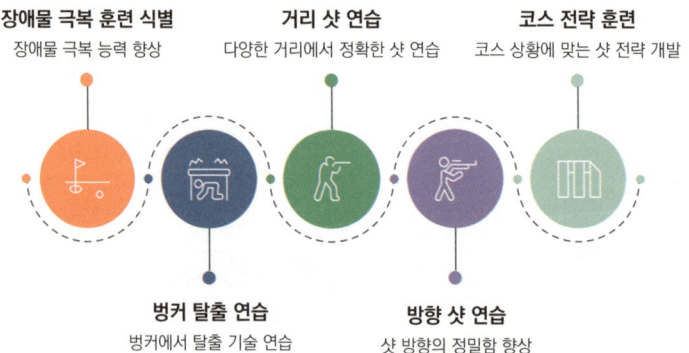

3. 그룹 교육 진행 방법

1) 그룹별 수준에 따른 맞춤 교육

- 초보자 그룹과 숙련자 그룹으로 나누어 교육 진행.
- 초보자에게는 기본 자세와 그립, 퍼팅 연습에 중점.
- 숙련자에게는 심화 기술과 코스 공략 전략을 가르침.

2) 그룹 교육의 효과적인 운영

- **소규모 그룹**: 3~6명으로 구성하여 개인별 피드백 가능성을 높임.
- **경쟁 요소 도입**: 미니 게임이나 스코어 기록 경기를 통해 동기 부여.
- **롤 플레이**: 다양한 상황(벙커, 러프, 경사)에서의 플레이를 시뮬레이션.

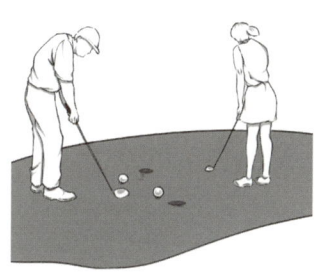

4. 시뮬레이션 훈련 활용

1) 가상 코스 시뮬레이션

- 실제 코스를 모델링한 연습 환경에서 다양한 상황을 재현.
- 물리적 환경을 조성하기 어려운 경우, 스크린 기술 활용.

2) 다양한 상황 설정

▸ 특정 코스에서 자주 발생하는 장애물이나 바람 조건을 설정.
▸ 플레이어가 상황에 맞는 샷을 선택하고 반복적으로 연습.

5. 개별 맞춤형 훈련 계획

1) 플레이어 분석

▸ 플레이어의 스윙 스타일, 비거리, 약점 등을 면밀히 분석.
▸ 각 플레이어의 목표와 개선점을 파악.

2) 맞춤형 훈련 프로그램 개발

▸ **초보자:** 기본 기술과 안정성 향상에 중점.
▸ **중급자:** 장애물 극복과 전략적 공략 능력 배양.
▸ **고급자:** 정밀도와 경기 내 심리적 안정성 강화.

3) 주기적 피드백

▸ 훈련 결과를 기록하고, 영상 분석 등을 통해 개선점을 제시.
▸ 단기와 장기 목표를 설정하고, 주기적으로 목표 달성 여부를 점검.

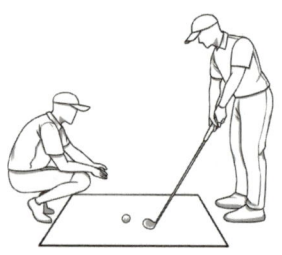

6. 심리 훈련 기법

1) 경기 중 집중력 강화

- **마인드풀니스(Mindfulness) 연습:** 현재 순간에 집중하는 기술 습득.
- 집중력을 방해하는 요소(실수, 주변 소음) 극복 훈련.

2) 긍정적 자기 대화

- "나는 할 수 있다"와 같은 긍정적인 말을 반복하여 자신감 강화.
- 부정적인 생각을 차단하고 긍정적인 마인드셋 유지.

3) 경기 전 루틴

- 항상 일정한 몸풀기와 샷 준비 루틴을 통해 심리적 안정감을 확보.
- 호흡 조절과 심박수 관리 연습.

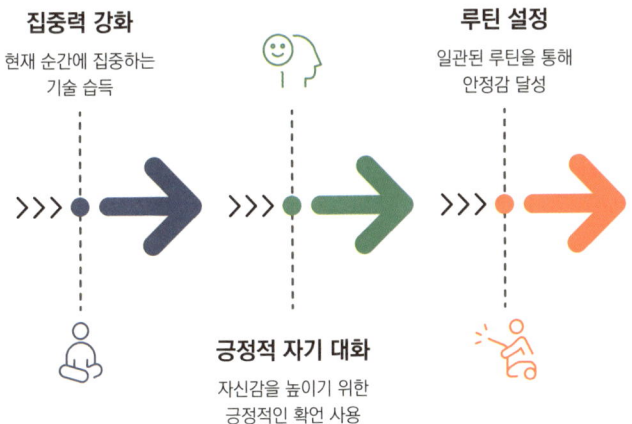

7. 훈련 평가와 성과 관리

1) 훈련 성과 평가

- ▶ 정기적으로 경기력과 기술 향상 정도를 평가.
- ▶ 샷 정확도, 거리, 코스 공략 성공률 등을 점검.

2) 피드백 제공

- ▶ 개선이 필요한 부분에 대해 구체적이고 실용적인 피드백 제공.
- ▶ 잘한 점을 칭찬하여 플레이어의 동기를 유발.

3) 목표 재설정

- ▶ 단기 목표와 장기 목표를 지속적으로 업데이트.
- ▶ 목표 달성을 위한 새로운 훈련 방법을 도입.

요약

1. 초보자를 위한 단계별 훈련
- 기본 자세와 그립 익히기: 올바른 자세와 그립법 연습.
- 짧은 거리 컨트롤 연습: 5~10m 거리에서 힘 조절 및 방향성 훈련.
- 기본 스윙 연습: 빈 스윙으로 타이밍과 리듬 익히고 점진적 거리 증가 연습.

2. 숙련자를 위한 심화 훈련
- 장애물 공략 훈련: 벙커, 물, 나무 등 장애물 극복 연습.
- 거리와 방향 조절 연습: 다양한 거리 및 샷 기술 훈련.
- 전략적 코스 공략: 실제 코스에서 최적의 샷 선택 및 리스크 관리 훈련.

3. 그룹 교육 진행 방법
- 수준별 맞춤 교육: 초보자(기본기), 숙련자(전략)로 나누어 진행.
- 효율적 운영: 소규모 그룹, 경쟁 요소, 롤플레이 적용.

4. 시뮬레이션 훈련 활용
- 가상 코스 훈련: 실제 코스를 모델링하여 연습.
- 다양한 상황 설정: 장애물, 바람 조건 등을 조정하며 반복 연습.

5. 개별 맞춤형 훈련 계획
- 플레이어 분석: 스윙 스타일, 비거리, 약점 파악.
- 맞춤형 훈련 개발: 초보, 중급, 고급 훈련 강화.
- 주기적 피드백: 영상 분석, 단기·장기 목표 설정 및 점검.

6. 심리 훈련 기법
- 경기 중 집중력 강화: 마인드풀니스 훈련, 방해 요소 극복.
- 긍정적 자기 대화: 자신감 강화, 부정적 생각 차단.
- 경기전 루틴 확립: 일정한 몸풀기, 호흡 조절로 심리 안정 유지.

7. 훈련 평가와 성과 관리
- 성과 평가: 경기력, 샷 정확도, 코스 공략 성공률 점검.
- 피드백 제공: 구체적 개선점과 긍정적 동기 부여.
- 목표재설정: 단·장기 목표 업데이트 및 새로운 훈련 방법 도입.

VI

파크골프 컨디셔닝
(파크골프 피트니스)

VI. 파크골프 컨디셔닝 (파크골프 피트니스)

> **학습 목표**
> - 파크골프에 중요한 신체 활동을 알아본다.
> - 파크골프를 위한 균형 향상 운동을 이해한다.
> - 파크골프 실력 향상을 위한 근 파워 운동을 이해한다.

1. 파크골프를 위한 신체적 준비

파크골프는 골프와 비슷한 스포츠로, 비교적 간단한 장비와 규칙을 통해 누구나 쉽게 접근할 수 있는 운동입니다. 특히 노년층과 중년층을 대상으로 하는 경우가 많아 체력적 특성과 운동의 특성을 이해하는 것이 중요합니다.

파크골프는 유산소 운동의 성격을 가지고 있습니다. 경기가 진행되는 동안 9홀이나 18홀 코스를 걷게 되며, 이 과정에서 심폐 기능이 강화되고 혈액순환이 개선됩니다. 규칙적인 걷기는 심장과 폐 건강에 긍정적인 영향을 미칠 뿐 아니라, 중강도의 유산소 운동으로도 적합합니다.

파크골프는 근지구력을 향상시키는 데도 도움을 줍니다. 클럽을 반복적으로 휘두르는 동작은 팔과 어깨 근육을 단련시키며, 공을 치는 순간의 힘 전달은 상체 근육의 지구력을 요구합니다. 또한 코스를 걷거나 서 있는 동안 하체의 지구력을 강화할 기회도 자연스럽게 생깁니다.

파크골프는 상체와 하체의 협응이 중요합니다. 공을 타격하기 위해서는 어깨와 엉덩이의 회전을 조화롭게 사용하는 것이 필수적입니다. 이러한 협응은 신체의 균형감과 유연성을 발달시키는 데 효과적이며, 특히 고관절과 척추의 유연성은 파크골프를 잘하기 위한 핵심 요소 중 하나입니다. 스윙 동작을 반복하며 균형과 안정성을 유지하려는 노력은 신체 전체의 조화를 증진시키는 역할을 합니다.

파크골프는 레저 스포츠에 그치지 않습니다. 전신 체력을 강화하고 정신적 안정을 도모하며, 전략적으로 사고하는 능력을 길러주는 운동입니다. 따라서 파크골프 컨디셔닝 파트에서는 보다 즐겁고 효과적으로 파크골프를 즐길 수 있도록 총 3가지 파트(준비&정리 운동, 밸런스 운동, 근력 운동)의 다양한 운동 방법을 소개할 것입니다.

2. 파크골프를 위한 준비운동 & 정리운동

파크골프를 안전하게 즐기기 위해서는 경기 플레이 시작 전에는 준비운동을, 경기 플레이 후에는 정리운동을 실행해줘야 합니다. 준비운동은 근육과 관절을 부드럽게 하고, 몸을 워밍업하여 부상을 예방하는 데 도움을 주며, 정리운동은 근육의 긴장을 풀고, 혈액순환을 촉진하여 신체 회복을 돕습니다. 준비운동과 정리운동을 제시된 방법으로 진행하면 신체를 안정된 상태로 만드는데 도움이 될 것입니다.

1) 손목 스트레칭

손목 신전 스트레칭은 손목의 유연성을 높이고 긴장을 풀어주는 데 효과적입니다.

1. 똑바로 서서 한쪽 팔을 앞으로 뻗고 손바닥이 아래를 향하도록 합니다.
2. 반대 손으로 뻗은 손의 손등을 부드럽게 눌러 손목을 신전시킵니다.
3. 손목에 약간의 당김을 느끼며 10~15초간 유지합니다.
4. 반대쪽 손목도 동일하게 스트레칭합니다.
5. 필요에 따라 2~3회 반복하여 긴장을 완화합니다.

준비 자세(사진 교체)

종료 자세

2) 어깨 스트레칭 - 어깨 신전 깍지 끼고

엉덩이 뒤쪽에서 양손을 깍지 끼고 어깨를 신전시키는 스트레칭은 어깨와 가슴 근육을 열어주고 자세를 개선하는 데 효과적입니다.

1. 양발을 골반 너비로 벌리고 똑바로 서서 양손을 엉덩이 뒤에서 깍지 낍니다.
2. 팔을 천천히 들어 올리며 어깨를 뒤로 당기고 가슴을 열어줍니다.
3. 고개를 살짝 들어 정면을 바라보며 깊게 호흡합니다.
4. 10~15초간 자세를 유지한 후 천천히 손을 내립니다.
5. 긴장을 풀고 필요하면 2~3회 반복합니다.

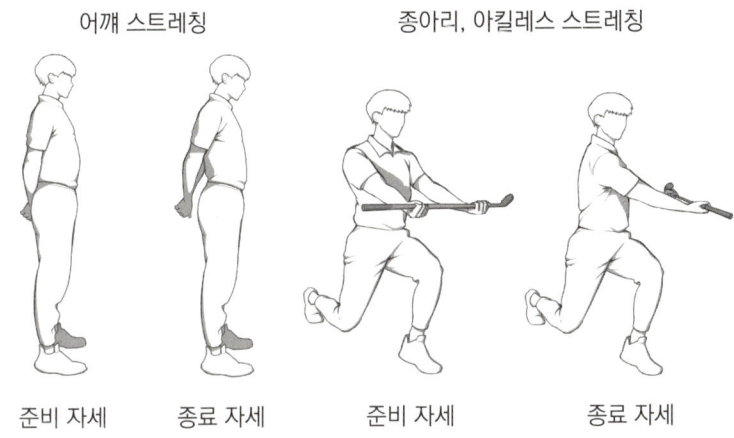

| 어깨 스트레칭 | 종아리, 아킬레스 스트레칭 |
| 준비 자세   종료 자세 | 준비 자세   종료 자세 |

3) 고관절 회전 스트레칭 – 런지(lunge) 자세 스트레칭

런지 자세에서 몸통 회전 스트레칭은 척추의 유연성을 높이고 몸통 근육을 활성화하는 데 효과적입니다.

1. 한쪽 다리를 앞으로 내밀고 반대쪽 무릎은 편 상태를 유지합니다.
2. 앞쪽 다리와 같은 방향으로 양손을 펼쳐 몸통을 천천히 회전합니다.
3. 시선은 회전 방향을 따라가며 상체를 충분히 열어줍니다.
4. 깊게 호흡하며 10~15초 동안 자세를 유지합니다.
5. 반대쪽도 동일하게 반복하여 양쪽 균형을 맞춥니다.

4) 종아리, 아킬레스 스트레칭

서서 종아리 아킬레스 신전 스트레칭은 종아리 근육과 아킬레스건의 유연성을 높이고 긴장을 완화하는 데 효과적입니다.

1. 벽을 향해 서서 양손으로 벽을 짚고 한쪽 다리를 뒤로 뻗습니다.
2. 뒤로 뻗은 다리의 무릎을 곧게 펴고 발뒤꿈치를 바닥에 밀착시킵니다.

3. 앞쪽 다리는 약간 구부리며 체중을 앞으로 이동시켜 종아리가 늘어나도록 합니다.
4. 15~20초 동안 자세를 유지하며 깊게 호흡합니다.
5. 반대쪽 다리로도 동일하게 반복하여 양쪽을 고르게 스트레칭 합니다.

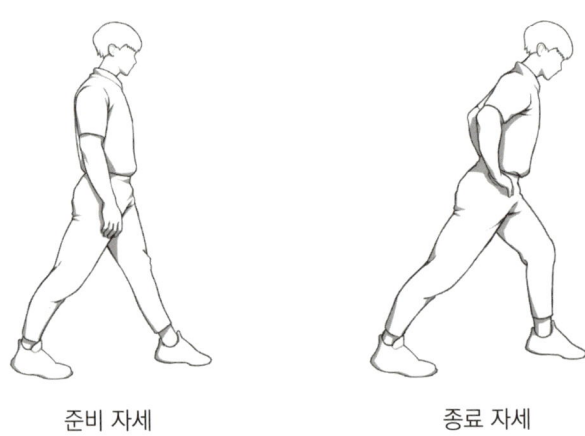

준비 자세   종료 자세

3. 파크골프를 위한 균형 향상 운동

파크골프에서 스윙을 잘하기 위해 가장 중요한 요소 중 하나는 신체 균형 능력입니다. 스윙 과정에서 밸런스는 안정적인 움직임을 가능하게 하며, 공을 정확히 타격하여 일관된 결과를 얻는 데 핵심적인 역할을 합니다. 밸런스는 단순한 신체적 안정성을 넘어 스윙의 기술적 완성도를 좌우하는 중요한 요소입니다.

1) 한발로 서서 무릎 들어 올리기

한발로 서서 무릎 들어 올리기 운동은 균형감각과 하체 근력을 강화하는 데 효과적입니다.
1. 똑바로 선 자세에서 한쪽 다리로 균형을 잡습니다.
2. 반대쪽 무릎을 천천히 가슴 높이까지 들어 올립니다.
3. 상체는 똑바로 세우고, 균형을 유지하며 10~15초간 자세를 유지합니다.
4. 천천히 다리를 내리며 시작 자세로 돌아갑니다.
5. 반대쪽 다리도 반복하며, 균형 잡기 어려운 경우 벽이나 의자를 잡고 진행합니다.

2) 스쿼트 자세에서 클럽 잡고 회전 이동

스쿼트 자세에서 클럽을 잡고 회전 이동 운동은 하체 근력과 몸통 회전 능력을 동시에 강화합니다.
1. 스쿼트 자세를 취하며 양손으로 클럽을 어깨 높이에서 넓게 잡습니다.
2. 허리를 곧게 세우고 상체를 회전하며 클럽을 한쪽으로 이동시킵니다.
3. 무릎과 골반은 고정한 상태에서 몸통의 회전만 활용합니다.

4. 천천히 원래 자세로 돌아와 반대쪽으로 회전하며 반복합니다.
5. 양쪽을 번갈아 10~12회 반복하며 균형과 동작의 정확성을 유지합니다.

4. 파크골프를 위한 근 파워 향상 운동

스윙 동작은 전신의 근육이 조화를 이루어야 가능한 복합적인 움직임입니다. 근력 운동은 복합 움직임을 효과적으로 수행할 수 있도록 신체를 단련시켜 파크골프에서 보다 즐거운 플레이 경험을 제공합니다. 꾸준한 근력 운동은 경기력 향상과 건강한 삶을 유지하는 데 큰 도움이 될 것입니다.

1) 뒷꿈치 들고 스쿼트

뒷꿈치를 들고 하는 스쿼트 근력운동은 하체 근력과 균형 감각을 동시에 향상시킵니다.

1. 발을 골반 너비로 벌리고 뒷꿈치를 살짝 들어 균형을 잡습니다.
2. 뒷꿈치를 들고 천천히 엉덩이를 뒤로 빼며 스쿼트 자세로 내려갑니다.
3. 허리는 곧게 유지하고 무릎이 발끝을 넘지 않도록 주의합니다.
4. 하체에 힘을 주어 천천히 일어서면서 뒷꿈치를 든 상태를 유지합니다.
5. 10~12회 반복하며 균형과 동작의 정확성을 점진적으로 향상시킵니다.

2) 파크 골프채 들고 로윙

파크 골프채를 활용한 로윙 운동은 등 근육 강화와 자세 교정에 효과적입니다.

1. 양손으로 파크 골프채를 어깨너비로 잡고, 무릎을 살짝 구부린 상태에서 상체를 앞으로 숙입니다.
2. 허리를 곧게 유지하며 채를 아래로 내렸다가 팔꿈치를 구부려 채를 몸쪽으로 당깁니다.
3. 당기는 동안 등 근육을 수축하고 어깨가 들리지 않도록 주의합니다.
4. 천천히 팔을 펴며 시작 자세로 돌아갑니다.
5. 10~12회 반복하며 동작의 정확성과 근육 사용을 집중합니다.

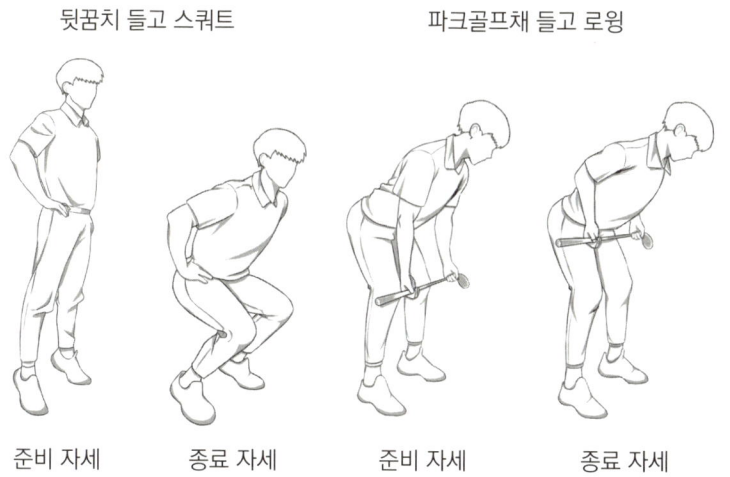

뒷꿈치 들고 스쿼트 · 파크골프채 들고 로윙
준비 자세 · 종료 자세 · 준비 자세 · 종료 자세

3) 스모 스쿼트 회전 스트레칭

스모 스쿼트 회전 스트레칭은 하체와 몸통의 근파워를 높이는데 도움을 줍니다.

1. 다리를 어깨너비보다 넓게 벌리고 발끝을 바깥쪽으로 향하게 한 뒤 스쿼트 자세를 취합니다.
2. 한쪽 손은 바닥이나 발목에 대고, 반대쪽 손을 하늘을 향해 뻗으며 몸통을 회전합니다.
3. 시선은 위쪽 손끝을 따라가며 몸통과 가슴을 충분히 열어줍니다.
4. 10~15초간 유지한 뒤 반대쪽으로 반복합니다.
5. 양쪽을 2~3회 반복하며 근육을 부드럽게 이완시킵니다.

준비 자세

종료 자세

VII

파크골프 대회 운영과 심판 가이드

VII. 파크골프 대회 운영과 심판 가이드

> **학습 목표**
>
> 파크골프 대회는 플레이어 간의 스포츠맨십을 증진하고, 기술과 전략을 선보일 수 있는 장을 제공합니다. 성공적인 대회 운영을 위해 체계적인 준비와 명확한 심판 가이드라인이 필요합니다. 아래는 대회 준비, 운영, 심판 역할에 대한 세부 사항입니다.

1. 대회 준비 과정

1) 대회 계획 수립

- **대회 목표 설정:** 친목 도모, 기술 향상, 공식 기록 경신 등.
- **대회 형식 결정:** 개인전, 팀전, 스트로크 플레이, 매치 플레이 등.
- **참가자 모집:** 참가 자격, 등록 기간, 참가비 등을 공지.

2) 대회 일정과 장소 준비

- **일정 계획:** 등록, 개회식, 경기, 시상식 등 주요 일정을 명확히 설정.
- **장소 준비:** 코스 상태 점검: 페어웨이, 그린, 장애물의 정비.
- **부대 시설:** 주차장, 화장실, 응급처치 공간 등 준비.

3) 규정 및 운영 매뉴얼 작성

- **규정 확립:** 대회 규칙, 복장 규정, 페널티 조건 등 명시.

- ▶ **운영 매뉴얼**: 경기 진행 순서, 대기 구역 및 점수 확인 절차 등 세부 내용 포함.

4) 기술 및 안전 준비

- ▶ **기술 장비 준비**: 득점 기록용 전자 장치 또는 종이 스코어카드. 확성기, 타이머 등 운영 장비.
- ▶ **안전 대책 마련**: 응급처치 키트와 의료진 배치. 긴급 연락망 구축.

2. 대회 운영방식

1) 경기 전 진행

- ▶ **개회식**: 대회 취지 소개, 규정 설명, 심판 및 운영진 소개.
- ▶ **조 편성**: 공정한 방법으로 조 편성(추첨 또는 실력 기반).
- ▶ **경기 준비**: 참가자에게 스코어카드와 필요한 자료 배부.

2) 경기 중 진행

- ▶ **공정한 심판**: 모든 심판이 동일한 기준으로 규칙 적용.
- ▶ **시간 관리**: 티오프 시간 준수, 경기 지연 방지.
- ▶ **상황 대응**: 경기 중 규칙 위반이나 분쟁 발생 시 심판의 빠른 판단.

3) 경기 후 진행

- ▶ **점수 확인 및 발표**: 참가자가 제출한 스코어카드를 점검. 동점 시 타이브레이크 규정을 적용(연장전 또는 특정 홀 성적 비교).

- **시상식:** 수상자 발표 및 트로피, 메달, 상금 등 수여.
- **폐회식:** 대회 총평, 참가자 감사 인사, 차기 대회 예고.

📍 3. 대회 규정

1) 일반 규칙

- **경기 진행:** 정해진 순서에 따라 티샷, 페어웨이 샷, 퍼팅을 진행.
- **점수 계산:** 각 홀의 타수를 합산하여 최종 점수를 산출. 최소 타수를 기록한 플레이어가 우승.

2) 페널티 규정

- **타수 추가:** 공이 코스 외부로 나간 경우: 1타 추가 후, 공을 가장 가까운 경계선으로 이동.
- **OB(Out of Bounds) 발생 시:** 2벌타 적용 후 재시도.
- **부적절한 행동:** 고의적인 규칙 위반, 부당한 방해: 심판 판단에 따라 경고 또는 실격.

3) 복장 및 장비 규정

- **복장:** 깔끔하고 단정한 스포츠 복장.
- **장비:** 대회 공인 클럽 및 공 사용.

4. 심판의 역할과 규칙 해석

1) 심판의 주요 역할

- **공정한 경기 관리:** 모든 플레이어가 규칙을 준수하도록 지도. 불공정한 상황을 방지하고, 필요한 경우 조정.
- **규칙 해석 및 적용:** 경기 중 발생하는 모든 상황에 대해 규칙을 정확히 해석하고 적용.
- **상황 판단:** 분쟁이나 불확실한 상황 발생 시, 신속하고 공정한 결정.

2) 경기 상황별 심판 가이드

- **OB 상황 처리:** 공이 OB 지역으로 들어갔는지 확인 후, 벌타 적용.
- **플레이 순서 위반:** 상황에 따라 경고 또는 해당 샷의 무효화.
- **의도적인 규칙 위반:** 경기 기록에 페널티 적용 및 상황 보고.

3) 심판 태도

- 공정성과 객관성을 유지하며, 참가자와의 불필요한 갈등을 피함.
- 규칙에 기반한 일관된 판단 제공.
- 친절하고 명확한 의사소통으로 플레이어와 소통.

5. 대회 운영 팁

- **효율적인 시간 관리:** 조 편성 및 경기 시작 시간을 철저히 관리.
- **상황 시뮬레이션:** 대회 전 심판과 운영진이 다양한 상황을 시뮬레이션하여 대비.

- **참가자 피드백:** 대회 종료 후 참가자 설문조사를 통해 개선점 파악.
- **환경 보호:** 대회 후 쓰레기 정리 및 코스 복구.

요약

1. 대회 준비
- 목표 설정: 친목, 기술 향상, 기록 경신 등.
- 형식 결정: 개인전, 팀전, 스트로크 플레이 등.
- 참가자 모집: 자격, 등록 기간, 참가비 공지.
- 일정과 장소 준비: 코스 점검, 부대 시설 마련.
- 규정 및 매뉴얼 작성: 대회 규칙, 운영 절차 명시.
- 기술 및 안전 준비: 득점 기록 장비, 응급처치 준비.

2. 대회 운영
- 경기 전: 개회식, 조 편성, 준비물 배부.
- 경기 중: 공정한 심판, 시간 관리, 상황 대응.
- 경기 후: 점수 확인, 시상식, 폐회식.

3. 규정 및 페널티
- 일반 규칙: 티샷, 페어웨이 샷, 퍼팅 순으로 진행.
- 페널티: OB 발생 시 2벌타, 부적절한 행동 시 경고/실격.
- 복장 및 장비: 단정한 스포츠 복장, 대회 공인 장비 사용.

4. 심판 역할
- 주요 역할: 공정한 경기 관리, 규칙 해석 및 적용.
- 상황별 대응: OB 상황, 플레이 순서 위반, 규칙 위반 처리.
- 태도: 공정하고 일관된 판단, 친절한 의사소통.

5. 운영 팁
- 효율적인 시간 관리, 상황 시뮬레이션, 참가자 피드백 수집.
- 환경 보호: 대회 후 쓰레기 정리 및 코스 복구.

이 내용들은 대회를 성공적으로 진행하기 위한 기본적인 준비와 운영 절차를 제공합니다.

VIII

파크골프 안전 관리와 사고 예방

VIII. 파크골프 안전 관리와 사고 예방

> **학습 목표**
>
> 파크골프는 신체 활동의 강도가 비교적 낮은 스포츠지만, 안전 관리는 모든 연령층이 안전하고 즐겁게 경기에 참여할 수 있도록 중요한 요소입니다. 아래는 파크골프 안전 관리와 사고 예방을 위한 체계적인 방안입니다.

1. 파크골프 안전 관리와 사고 예방

- **참가자의 신체적 안전 보장:** 부상이나 사고를 예방하여 건강한 환경 조성.
- **코스의 안전한 환경 유지:** 장애물이나 위험 요소를 제거하여 사고 발생 가능성을 최소화.
- **응급 상황 대비:** 사고가 발생 시 신속하고 적절한 대처로 부상 최소화.

2. 파크골프 안전 수칙

1) 개인 안전 수칙

- **적절한 복장 착용:** 미끄러지지 않는 스포츠화 착용. 날씨에 따라 모자, 선글라스, 방수복 등 준비.

- **스트레칭과 워밍업:** 경기 전 충분한 준비 운동으로 부상 예방.
- **공과 클럽 주의:** 클럽 휘두를 때 주변 확인. 공을 칠 때 목표 지점과 사람 간 안전 거리 유지.

2) 플레이 중 안전 수칙

- **안전 거리 유지:** 플레이어 간 최소 2m 이상의 거리 확보.
- **경사면 주의:** 언덕이나 경사진 지역에서는 천천히 움직이며 균형 유지.
- **장애물 접근 시 주의:** 물, 모래 벙커, 나무 주변에서 신중히 행동.

3) 날씨와 환경 고려

- **날씨 변화 대응:** 폭염 시 충분한 수분 섭취와 자외선 차단. 비나 눈이 오는 날에는 미끄럼 방지 장비 사용.
- **낙뢰 발생 시:** 즉시 경기 중단 후 안전한 실내로 대피.

3. 사고예방안내

1) 코스 관리와 점검

- **정기 점검:** 장애물, 경사면, 보행로 등 위험 요소 사전 제거.
- **위험 지역 표지판 설치:** 물가, 벙커 등 사고 위험 지역에 경고 표지판 배치.
- **잔디와 지면 관리:** 잔디가 미끄럽거나 헐거운 지역 정비.

2) 참가자 교육

- **안전 교육 프로그램 운영:** 경기 시작 전 안전 수칙과 사고 예방 교육.
- **심판 및 스태프의 안전 감독:** 경기 중 안전 수칙 준수 여부를 지속적으로 확인.
- **장비 사용법 교육:** 클럽과 공의 올바른 사용 방법 지도.

3) 응급 상황 대비

- **응급처치 교육:** 심판과 운영진이 기본 응급처치 방법(심폐소생술, 출혈 응급처치 등) 숙지.
- **비상 연락망 구축:** 의료진과 긴급 상황 대처 팀 배치.
- **응급 장비 준비:** 응급처치 키트, AED(자동 심장 충격기) 비치.

4. 경기 중 발생할 수 있는 주요 사고와 대처법

1) 공에 맞는 사고

- ▶ **예방:** 샷을 하기 전에 반드시 주변 확인. "포어(Fore)!"와 같은 경고 신호 사용.
- ▶ **대처:** 공에 맞은 부위 즉시 확인. 출혈 시 지혈하고 필요한 경우 응급처치 실시.

2) 미끄러짐 및 낙상

- ▶ **예방:** 젖은 지면이나 미끄러운 지역에서는 천천히 이동. 적합한 신발 착용.
- ▶ **대처:** 부상 부위를 확인하고, 붓기나 통증이 심하면 의료진 호출.

3) 근육 경련 및 탈진

- ▶ **예방:** 충분한 워밍업과 수분 보충.
- ▶ **대처:** 스트레칭으로 근육 풀기. 필요 시 물과 이온 음료를 섭취하며 휴식 제공.

4) 열사병과 저체온증

- ▶ **예방:** 날씨에 맞는 복장과 보호 장비 착용. 극단적인 날씨에는 경기 중단.

- **대처:** 열사병: 그늘에서 시원한 물 제공 및 의료진 호출.
- **저체온증:** 따뜻한 음료 제공 및 추가 의류 착용.

5. 안전 관리 책임

1) 운영진과 심판의 역할

- 경기 진행 중 위험 요소 상시 점검.
- 플레이어가 안전 수칙을 준수하도록 안내.
- 응급 상황 발생 시 신속한 대처 및 보고.

2) 참가자의 책임

- 안전 수칙 준수와 책임감 있는 행동.
- 위험 상황 발생 시 즉시 알리고 협력.

3) 코스 관리자 역할

- 코스와 시설 정기 점검.
- 긴급 대피 경로와 안전 시설 유지 관리.

6. 사고 발생 후 대응 절차

1) 초동 조치

- 사고 발생 즉시 경기 중단 및 현장 확인.
- 부상 정도에 따라 응급처치 또는 의료진 호출.

2) 사고 기록

- 사고 경위와 발생 상황을 상세히 기록.
- 증인 확보와 필요 시 사진 촬영.

3) 사고 보고 및 재발 방지

- 대회 운영진에게 사고 보고서 제출.
- 사고 원인 분석 후 재발 방지를 위한 개선 방안 마련.

요약

1. 안전 관리와 사고 예방
- ▶ 참가자의 신체적 안전 보장 및 부상과 사고 예방.
- ▶ 안전한 코스 관리와 위험 요소 제거를 통한 사고 최소화.
- ▶ 사고 발생 시 신속하고 적절한 대응.

2. 안전 수칙
- ▶ 개인 안전 수칙: 적합한 복장 착용, 경기 전 스트레칭.
- ▶ 플레이 중 안전 수칙: 플레이어 간 최소 2m 거리 유지.
- ▶ 날씨와 환경 고려: 날씨 변화에 대비, 낙뢰 발생 시 경기 중단.

3. 사고 예방 안내
- ▶ 코스 점검: 정기적인 점검과 위험 지역에 표지판 설치.
- ▶ 참가자 교육: 경기 전 안전 교육과 심판의 지속적인 감독.
- ▶ 응급 상황 대비: 응급처치 교육과 비상 연락망 구축, 응급 장비 준비.

4. 주요 사고와 대처법
- ▶ 공에 맞는 사고: 경고 신호를 사용하고, 부상 시 응급처치.
- ▶ 미끄러짐 및 낙상: 젖은 지면에서 천천히 이동, 부상 시 응급처치.
- ▶ 근육 경련 및 탈진: 충분한 워밍업과 수분 보충.
- ▶ 열사병과 저체온증: 적절한 복장 착용.

5. 안전 관리 책임
- ▶ 운영진과 심판: 위험 요소 점검, 안전 수칙 안내.
- ▶ 참가자: 안전 수칙을 준수하고 위험 상황에 협력.
- ▶ 코스 관리자: 코스 정기 점검과 긴급 대피 경로 유지.

6. 사고 발생 후 대응 절차
- ▶ 사고 발생 시 즉시 경기 중단, 부상 정도 확인 후 응급처치나 의료진 호출.
- ▶ 사고 기록과 증인 확보, 사고 원인 분석 후 재발 방지 대책 마련.

부록

부록

파크골프 용어 설명

파크골프는 다양한 전문 용어를 사용하며, 이를 이해하면 경기의 흐름과 전략을 보다 명확히 파악할 수 있습니다. 아래는 파크골프에서 자주 사용되는 용어를 상세히 설명한 목록입니다.

1. 기본용어

1) 파(PAR)

- 특정 홀에서 평균적으로 필요한 타수를 의미합니다. 일반적으로 파는 3, 4, 5로 설정됩니다.
- 파3: 세 번의 샷으로 홀에 넣는 것이 목표.
- 파4: 네 번의 샷.
- 파5: 다섯 번의 샷.

2) 홀(HOLE)

공을 넣어야 하는 목표 지점. 홀은 깃발로 표시되며, 홀컵의 지름은 15cm입니다.

3) 티샷(TEE SHOT)

티잉 그라운드에서 첫 번째로 공을 치는 샷입니다.

4) 페어웨이(FAIRWAY)

티잉 그라운드와 그린 사이의 코스 영역으로, 잘 정비된 잔디가 깔려 있어 공이 굴러가기 쉽습니다.

5) 그린(GREEN)

홀컵이 위치한 부드럽고 짧게 깎인 잔디 지역으로, 퍼팅이 주로 이루어지는 곳입니다.

6) OB(Out of Bounds)

코스의 경계를 벗어난 지역. 공이 OB 지역에 들어가면 1타 페널티가 부과됩니다.

7) 러프(ROUGH)

페어웨이와 그린 외부의 잔디가 길거나 관리되지 않은 지역. 공이 굴러가기 어려워 샷이 까다롭습니다.

8) 클럽(CLUB)

공을 치는 도구. 파크골프 전용 클럽은 하나만 사용하며, 길이와 무게는 규정에 맞아야 합니다.

9) 홀아웃(HOLE OUT)

공을 홀컵에 넣어 해당 홀을 마무리하는 것.

2. 점수 관련 용어

1) 버디(BIRDIE)

파보다 1타 적게 홀아웃하는 것. (예: 파4 홀에서 3타로 마무리)

2) 이글(EAGLE)

파보다 2타 적게 홀아웃하는 것. (예: 파5 홀에서 3타로 마무리)

3) 알바트로스(ALBATROSS)

파보다 3타 적게 홀아웃하는 것. 매우 드문 경우입니다. (예: 파5 홀에서 2타로 마무리)

4) 보기(BOGEY)

파보다 1타 더 많은 타수로 홀아웃하는 것. (예: 파4 홀에서 5타로 마무리)

5) 더블 보기(DOUBLE BOGEY)

파보다 2타 더 많은 타수로 홀아웃하는 것. (예: 파3 홀에서 5타로 마무리)

6) 트리플 보기(Triple BOGEY)

파보다 3타 더 많은 타수로 홀아웃하는 것. (예: 파4 홀에서 7타로 마무리)

7) 더블 파(DOUBLE PAR)

기존 파의 두배로 마무리하는 것. (예: 파4 홀에서 8타로 마무리.)

8) 핸디캡(HANDICAP)

플레이어의 실력 차이를 보완하기 위해 제공되는 점수 조정. 주로 경기 형평성을 위해 사용됩니다.

3. 경기 및 규칙 관련 용어

1) 티잉 그라운드(TEEING GROUND)

티샷을 시작하는 구역. 티잉 마커로 표시된 지역 내에서만 공을 놓고 칠 수 있습니다.

2) 라이(LIE)

- 공이 멈춘 위치를 의미합니다. 공의 상태와 주변 환경을 포함합니다.
- **좋은 라이(Good Lie):** 공이 평탄한 잔디 위에 위치.
- **나쁜 라이(Bad Lie):** 공이 러프나 장애물에 위치.

3) 플레이 순서

홀에서 공이 가장 멀리 있는 플레이어가 먼저 샷을 합니다.

4) 드롭(DROP)

특정 규칙에 따라 공을 손으로 떨어뜨려 재배치하는 것. (예: OB 지역에 공이 들어갔을 경우)

5) 홀인원(HOLE IN ONE)

티샷 한 번만으로 공을 홀컵에 넣는 것. 파크골프에서 매우 특별한 성취로 간주됩니다.

4. 기술 관련 용어

1) 스윙(SWING)

클럽을 사용해 공을 치는 동작. 풀스윙, 하프스윙 등으로 나뉩니다.

2) 퍼팅(PUTTING)

공을 그린 위에서 홀컵으로 굴리는 샷. 주로 섬세함과 정확성이 요구됩니다.

3) 어프로치 샷(APPROACH SHOT)

공을 그린에 가까이 보내는 샷으로, 주로 중거리 샷에 사용됩니다.

4) 티샷(TEE SHOT)

매 홀의 첫 번째 샷을 지칭하는 용어로, 긴 거리를 보내기 위해 힘껏 휘두르는 샷.

5) 칩 샷(CHIP SHOT)

공을 짧은 거리로 띄워 홀컵에 가까이 보내는 샷.

6) 핀(PIN)

홀컵에 세워진 깃발. 플레이어는 핀을 목표로 공을 칩니다.

5. 코스 관련 용어

1) 워터 해저드(WATER HAZARD)

코스 내 물이 있는 장애물 지역.

2) 벙커(BUNKER)

모래로 된 장애물 지역. 공이 들어가면 정확하고 섬세한 샷이 필요합니다.

3) 도그레그(DOGLEG)

페어웨이가 곡선으로 휘어진 형태의 홀.

4) 블라인드 홀(BLIND HOLE)

티샷 지점에서 홀컵이 보이지 않는 코스.

5) 레이아웃(LAYOUT)

코스의 전체 설계와 구성.

기타용어

1) 스코어카드(SCORECARD)

각 홀의 타수를 기록하는 카드.

2) 포어(FORE)

다른 플레이어에게 위험을 알리는 경고 신호. 공이 날아갈 때 사용.

3) 샷 거리(GOLF SHOT DISTANCE)

공이 이동한 거리.

4) 규정 타수(STROKE LIMIT)

한 홀에서 플레이 가능한 최대 타수.

5) 리플레이스(REPLACE)

공을 원래 위치로 다시 놓는 행위.

에필로그

파크골프는 단순한 스포츠 이상의 가치를 지닌 활동입니다. 몸과 마음을 건강하게 유지하며, 자연과의 교감을 통해 여유를 찾을 수 있는 시간입니다. 이 지침서를 통해 파크골프를 처음 접하는 이들이나, 그동안 경험이 있던 이들이 더욱 즐겁고 효과적으로 이 스포츠를 즐길 수 있기를 바랍니다.

지도자로서 여러분은 파크골프의 매력을 널리 전파하는 중요한 역할을 맡고 있습니다. 선수들에게 기술적인 지식과 함께, 스포츠의 기본적인 윤리와 올바른 태도를 교육하는 것 역시 매우 중요합니다. 파크골프는 그 자체로 사람들을 연결하는 힘을 가지고 있으며, 여러분이 그 여정에 함께하는 것은 매우 뜻깊은 일입니다.

여러분의 노력과 열정이 파크골프를 더욱 풍성하게 만들고, 이를 통해 많은 이들이 건강한 삶을 영위할 수 있도록 돕기를 바랍니다. 지도자로서 지속적으로 학습하고 성장하는 자세를 유지하며, 각자의 스타일로 파크골프의 세계를 탐험해 나가세요.

이 지침서가 여러분에게 유용한 도전이자, 계속해서 발전하는 길잡이가 되기를 기원합니다. 파크골프를 사랑하는 모든 이들이 건강하고 행복한 삶을 살아가길 바랍니다.

감사합니다.

집필진

정구영(동원대학교 교수)
형구암(강원도립대학교 교수)
김병곤(K-퍼포먼스 기능 연구소 대표)
김민석(건국대학교 미래지식교육원 교수)
이승재(국립목포대학교 교수)
김덕용(고려대학교 교수)
채기재(서울대학교 교수)
김정모(나사렛대학교 교수)
최윤동(신안산대학교 교수)
정일미(호서대학교 교수)
곽지영(국제대학교 교수)
최윤근(장안대학교 교수)
전찬수(신안산대학교 교수)
윤형귀(전남과학대학교 교수)
임현정(전남과학대학교 교수)
최지숙(인천대학교 교수)
추종호(남서울대학교 교수)
김형우(세한대학교 교수)
박충일((주)제이알아이앤씨 대표이사)

파크골프 지침서

초판발행	2025년 7월 15일
지은이	한국골프학회 파크골프위원회
펴낸이	안종만·안상준
편 집	김선민
기획/마케팅	장규식
표지디자인	BEN STORY
제 작	고철민·김원표
펴낸곳	(주)**박영사** 서울특별시 금천구 가산디지털2로 53, 210호(가산동, 한라시그마밸리) 등록 1959.3.11. 제300-1959-1호(倫)
전 화	02)733-6771
fax	02)736-4818
e-mail	pys@pybook.co.kr
homepage	www.pybook.co.kr
ISBN	979-11-303-2343-5 13690

copyright©한국골프학회 파크골프위원회, 2025, Printed in Korea

*파본은 구입하신 곳에서 교환해 드립니다. 본서의 무단복제행위를 금합니다.

정 가   10,000원